Leitura e produção de
textos filosóficos

SÉRIE ABORDAGENS FILOSÓFICAS EM EDUCAÇÃO

DIALÓGICA

O selo DIALÓGICA da Editora InterSaberes faz referência às publicações que privilegiam uma linguagem na qual o autor dialoga com o leitor por meio de recursos textuais e visuais, o que torna o conteúdo muito mais dinâmico. São livros que criam um ambiente de interação com o leitor — seu universo cultural, social e de elaboração de conhecimentos —, possibilitando um real processo de interlocução para que a comunicação se efetive.

Leitura e produção de
textos filosóficos

Ademir Antonio Engelmann
Fred Carlos Trevisan

EDITORA intersaberes

Rua Clara Vendramin, 58 – Mossunguê – CEP 81200-170 – Curitiba-PR – Brasil
Fone: (41) 2106-4170 – www.intersaberes.com – editora@editoraintersaberes.com.br

Conselho editorial
Dr. Ivo José Both (presidente)
Dr.ª Elena Godoy
Dr. Nelson Luís Dias
Dr. Neri dos Santos
Dr. Ulf Gregor Baranow

Editor-chefe
Lindsay Azambuja

Editor-assistente
Ariadne Nunes Wenger

Capa
Denis Kaio Tanaami (*design*)
Imgram (imagem)

Projeto gráfico
Regiane Rosa

Diagramação
Sincronia Design

Iconografia
Vanessa Plugiti Pereira

Dados Internacionais de Catalogação na Publicação (CIP)
(Câmara Brasileira do Livro, SP, Brasil)

Engelmann, Ademir Antonio

    Leitura e produção de textos filosóficos/Ademir Antonio Engelmann, Fred Carlos Trevisan. Curitiba: InterSaberes, 2015. (Série Abordagens Filosóficas em Educação)

    Bibliografia.
    ISBN 978-85-443-0374-0

    1. Filosofia – Estudo e ensino 2. Filosofia – História 3. Filósofos – História 4. Leitura 5. Textos – Produção I. Trevisan, Fred. II. Título. III. Série.

15-11373   CDD-107

Índices para catálogo sistemático:
1. Filosofia: Estudo e ensino 107

1ª edição, 2016.

Foi feito o depósito legal.

Informamos que é de inteira responsabilidade dos autores a emissão de conceitos.

Nenhuma parte desta publicação poderá ser reproduzida por qualquer meio ou forma sem a prévia autorização da Editora InterSaberes.

A violação dos direitos autorais é crime estabelecido na Lei n. 9.610/1998 e punido pelo art. 184 do Código Penal.

Sumário

Apresentação ~ 7

Organização didático-pedagógica ~ 11

Capítulo I
Ação e produção em filosofia: leitura, compreensão e escrita de textos ~ 15
1.1 Leitura e compreensão de textos filosóficos, 18
1.2 Produção de textos filosóficos, 21
1.3 Ação docente, 24

Capítulo II
Filosofia antiga: o estudo dos clássicos ~ 37
2.1 As fontes da filosofia pré-socrática, 40
2.2 As fontes de Sócrates, Platão e Aristóteles, 48
2.3 Leitura e produção de textos sobre a Antiguidade Clássica, 65

Capítulo III
Filosofia medieval: discussões sobre fé e razão ~ 71
3.1 Contexto histórico, 73
3.2 Patrística e escolástica, 78
3.3 Leitura e produção de texto sobre a filosofia medieval, 87

Capítulo IV

Filosofia moderna: ciência, razão e política ~ 95

4.1　O Renascimento, 98

4.2　Racionalismo e empirismo, 104

4.3　Iluminismo, 111

4.4　Leitura e escrita no pensamento moderno, 118

Capítulo V

Filosofia contemporânea ~ 127

5.1　Husserl e a fenomenologia, 131

5.2　Sartre e a filosofia da existência, 133

5.3　Ryle e a filosofia da mente, 136

5.4　Hans Jonas: da técnica à ética, 141

5.5　Leitura e produção de texto na atualidade, 143

Capítulo VI

Textos escolhidos ~ 149

6.1　Aristóteles e a virtude, 151

6.2　Santo Agostinho e o pensamento cristão, 154

6.3　Maquiavel e a ciência política, 156

6.4　Thomas Hobbes e a liberdade do homem, 160

6.5　Descartes e o racionalismo cartesiano, 164

6.6　Rosseau e a vida em sociedade, 167

6.7　Nietzsche e a filosofia da intensidade, 170

Considerações finais ~ 177

Referências ~ 180

Bibliografia comentada ~ 189

Respostas ~ 190

Sobre os autores ~ 194

Apresentação

A presente obra trata da leitura e da produção de textos filosóficos. Leitura e escrita são tarefas árduas, não alcançadas rapidamente. Para colocá-las em prática, é preciso persistência, treino e, acima de tudo, muito esforço. Portanto, trata-se de tarefas complexas, que representam desafios e exigem dedicação intensa. Seria esse um dos caminhos da busca filosófica? Não foi o desafio, a admiração, o espanto, a provocação, a dúvida e a incerteza que guiaram espíritos inquietos ante o desconhecido?

É em busca de respostas que o desafio é lançado. É no confronto com o desconhecido que se é levado em direção àquilo que se pode conhecer. O desejo de encontrar explicações e conferir sentido a uma determinada realidade é o que impulsiona o filósofo a buscar respostas. Etimologicamente, a palavra *filosofia* significa "amor ao saber". Isso quer dizer que, desde os antigos – mais especificamente, desde Pitágoras –, já havia um desejo profundo de conhecer e explicar a realidade. Assim, somente ao amar e desejar o saber, o homem poderia alcançar a sabedoria e, desse modo, dar sentido ao mundo de forma racional.

A filosofia, segundo Merleau-Ponty (1986), é pensar o já pensamento. Em outras palavras, consiste em um exame profundo daquilo que supostamente já se tem como conhecido, para que seja possível identificar inconsistências, tornando os argumentos mais sólidos. É por isso que as interrogações são primordiais na busca filosófica. As perguntas são princípios de buscas e propõem novos problemas. Não à toa Jaspers (2003) afirmou que, durante a investigação filosófica, os questionamentos têm maior significância que as respostas.

Desse modo, o presente estudo tem o objetivo de lançar, você, leitor, de forma introdutória, à atividade filosófica. Para que isso seja possível, no **Capítulo 1** abordaremos a leitura, a compreensão e a escrita filosóficas, delineando características fundamentais para o estudo da filosofia e dos problemas que essa área enseja. A leitura e a escrita em filosofia são elementares para a construção do diálogo filosófico. Para buscar o saber como atividade filosófica, o ponto de partida são os escritos filosóficos já consolidados pela tradição, os quais, em si, não mudam. Vale ressaltar, no entanto, que a realidade não é estática e está em constante mutação.

Por isso, no **Capítulo 2** faremos um percurso histórico, ainda que breve, com a finalidade de apresentar uma visão da filosofia ao longo dos períodos históricos. Esse percurso é fundamental para evidenciar as aproximações e as divergências encontradas nas ideias dos pensadores, de acordo com a época em que desenvolveram seu pensamento. Identificar as diferenças existentes entre os tempos históricos é fundamental, uma vez que o pensamento filosófico parte da realidade e, por isso, tem um contexto de produção, cujo entendimento é necessário para o desenvolvimento da leitura e da escrita em filosofia.

Portanto, ao estudar o período antigo, reconhecemos determinada perspectiva filosófica, resultante do contexto em que os filósofos antigos estavam inseridos, a qual difere, por exemplo, da perspectiva da Idade Média. Na Antiguidade, tem-se o surgimento da filosofia e a busca de explicações racionais por meio do pensamento dos principais filósofos dessa época: Sócrates, Platão e Aristóteles. Já na Idade Média, a busca racional por explicações para a realidade foi substituída pela teologia, de modo que a filosofia passou a se submeter a ela, pois as verdades passaram a ser concebidas pela revelação e fundamentadas pelo divino, tema que discorreremos no **Capítulo 3**.

Já no **Capítulo 4**, trataremos da época referente ao final da Idade Média e início do período moderno, quando houve a retomada da razão como meio para explicar a realidade. Com ênfase no conhecimento racional, empírico e científico, as reflexões racionais foram retomadas também no âmbito político. O indivíduo moderno, voltado à vida terrena e aos problemas que surgem dessa condição, passou a ocupar o centro de seus questionamentos existenciais.

Tal preocupação permanece até os dias atuais. Sendo o homem responsável por seu destino, consequentemente, os problemas com que se depara também são de sua alçada. Assim, no **Capítulo 5**, vimos que, por enfatizar conhecimento científico e tecnológico, a contemporaneidade contempla avanços significativos. Todavia, tais avanços contribuíram significativamente para o agravamento de problemas – como miséria, fome e violência –, para os quais ainda não foram encontradas respostas. Embora os progressos sejam consideráveis, a vida humana se tornou mais complexa e as sociedades passaram a mudar com maior velocidade – tanto do ponto de vista científico quanto tecnológico, político, econômico, cultural e social.

Diante de tantas transformações, qual é o papel da filosofia? Por que o filósofo deve estar atento às mudanças que acontecem na sociedade? O ponto de partida da filosofia é a realidade, pois é com base nos fatos e nos fenômenos que o filósofo é levado a pensar, refletir e analisar, seja à luz da tradição filosófica, seja por meio de sua percepção da realidade. É evidente, portanto, que a filosofia se manifesta por meio da abstração do filósofo. Desse modo, é necessário compreender alguns dos pressupostos dos pensamentos filosóficos para, então, identificar suas nuances e aproximá-los da realidade ou de outras concepções filosóficas.

Por isso, tendo em vista os capítulos anteriores, no **Capítulo 6** analisaremos textos filosóficos de diferentes períodos com o objetivo de fomentar o estudo da filosofia e desenvolver e aprimorar a leitura nessa área.

Com base no "movimento" das ideias – da dialética – surge a compreensão e a escrita. A leitura incisiva e o desafio de levá-la adiante instiga o sujeito pensante a almejar a escrita, a qual é o registro do pensamento, daquilo que a mente exterioriza. Assim, retomamos o propósito deste estudo, que é levar, você, leitor, a ler e a escrever sobre filosofia de forma assertiva e, acima de tudo, ser capaz de expressar e defender suas ideias de forma autônoma.

ORGANIZAÇÃO DIDÁTICO-PEDAGÓGICA

Esta seção tem a finalidade de apresentar os recursos de aprendizagem utilizados no decorrer da obra, de modo a evidenciar os aspectos didático-pedagógicos que nortearam o planejamento do material e a forma como o leitor pode tirar o melhor proveito dos conteúdos para seu aprendizado.

INTRODUÇÃO AO CAPÍTULO

Logo na abertura do capítulo, você é informado a respeito dos conteúdos que nele serão abordados, bem como dos objetivos que os autores pretendem alcançar.

SÍNTESE

Você conta, nesta seção, com um recurso que o instigará a fazer uma reflexão sobre os conteúdos estudados, de modo a contribuir para que as conclusões a que você chegou sejam reafirmadas ou redefinidas.

INDICAÇÕES CULTURAIS

Ao final do capítulo, os autores oferecem algumas indicações de livros, filmes ou *sites* que podem ajudá-lo a refletir sobre os conteúdos estudados e permitir o aprofundamento em seu processo de aprendizagem.

ATIVIDADES DE AUTOAVALIAÇÃO

Com estas questões objetivas, você tem a oportunidade de verificar o grau de assimilação dos conceitos examinados, motivando-se a progredir em seus estudos e a se preparar para outras atividades avaliativas.

ATIVIDADES DE APRENDIZAGEM

Aqui você dispõe de questões cujo objetivo é levá-lo a analisar criticamente determinado assunto e aproximar conhecimentos teóricos e práticos.

BIBLIOGRAFIA COMENTADA

Nesta seção, você encontra comentários acerca de algumas obras de referência para o estudo dos temas examinados.

1

Ação e produção em filosofia:
leitura, compreensão e escrita de textos

A leitura, a compreensão e a escrita de textos associadas à ação docente constituem o *ofício* do filósofo e, de certo modo, são indissociáveis. O exercício da ação docente pressupõe a leitura e a escrita, da mesma forma que a produção de texto deve ser orientada pela prática docente. Considerando que toda filosofia deve ser emancipatória, formadora da consciência crítica e visar ao esclarecimento, no Brasil, essa formação é urgente. Por esse motivo, o filósofo assume um papel maior do que simplesmente transmitir conhecimentos: um papel social de formador de uma consciência que dotará o estudante da autonomia e da capacidade necessárias para atuar em sua realidade, contribuindo para uma transformação social.

Dessa forma, dividiremos este primeiro capítulo em três momentos: primeiramente, abordaremos a questão da leitura e da compreensão de textos filosóficos. Em seguida, trataremos da produção de textos filosóficos e suas dificuldades. E, por fim, analisaremos a ação docente em filosofia considerando-a como fundamento para a elaboração e a produção de textos filosóficos.

1.1 Leitura e compreensão de textos filosóficos

Um problema muito frequente enfrentado pelos setores escolares e acadêmicos é a extrema falta do hábito de leitura dos estudantes de um modo geral. No âmbito da filosofia não é diferente. Todavia, a leitura, imprescindível para a formação de qualquer estudante, deve ser um exercício diário, fundamental para a condução de qualquer pessoa a um outro nível de compreensão da vida.

Basicamente, podemos dividir em três os níveis de leitura e compreensão de textos. O primeiro nível é o das **palavras**. Para alcançá-lo, é preciso compreender as palavras do texto e a história narrada. Quando uma pessoa tem dificuldades nesse nível, fica presa às palavras e, não raramente, necessita recorrer ao dicionário para saber o significado de muitas delas. Nesse primeiro nível, a leitura é demorada e árdua e, muitas vezes, a pessoa desiste de prosseguir. Convencionalmente, o leitor de primeiro nível é chamado de *semianalfabeto*.

O segundo nível é o **textual**, alcançado por aquelas pessoas que conseguem até desenvolver uma leitura fluente e entender a história narrada e os fatos ditos, mas não compreendem a "moral" da história, o que é dito nas entrelinhas do texto. Nesse segundo nível, o leitor não se pergunta: Qual o significado dessa história? Em que lugar o autor quer chegar? Ele lê a história apenas considerando que "a apreensão daquilo que o texto enuncia exige que se compreenda como se produzem os enunciados, os processos de enunciação" (Favaretto, 2004, p. 50).

Muitos dos estudantes encontram-se nesse nível de leitura e compreensão e, apesar de compreenderem textualmente os acontecimentos narrados, falta-lhes a capacidade de interpretá-los com criticidade. Ficam reféns, desse modo, da interpretação de outros; são tutelados, nos dizeres de Kant, e não conseguem, ainda, atingir o esclarecimento.

O terceiro nível é o **interpretativo-crítico**. Esse nível de compreensão pressupõe que o leitor seja capaz de "ler nas entrelinhas". Assim, mais do que entender as palavras e o sentido do texto, ele deve compreender a **intenção do autor**. Nesse nível, é dever do leitor interpretar o texto e ser capaz de elaborar uma crítica sobre ele. Somente após saber as intenções do autor o leitor pode produzir um pensamento crítico a respeito do texto, ou seja, distinguir as ideias nele contidas reafirmando o que, em sua opinião, deve ser mantido e evidenciando o que deve ser alterado.

A **leitura filosófica** vai ainda mais longe. Ela ultrapassa as três formas de leitura e interpretação apresentadas. De acordo com Favaretto (1995, p. 81), "ela é um 'exercício de escuta', num sentido análogo ao da psicanálise, pois se manifesta como uma 'elaboração do texto que desdobra seus pressupostos e subentendidos'". Isso ocorre porque toda leitura filosófica altera e expande a realidade do leitor, conduzindo-o ao universo do conteúdo lido. A linguagem filosófica faz uso de um arcabouço oculto que remete o leitor a um imaginário escondido nos recôncavos do texto. Por esse motivo, produz "um 'efeito de nomadização' do pensamento que evidencie o 'deslocamento livre', o 'movimento fluido' da palavra dissociada dos critérios transcendentes da verdade, universalidade e imutabilidade" (Fabbrini, 2005, p. 9).

A ação docente é importante para demonstrar que a complexidade da práxis impede a mobilização do sentido textual. De certa forma, sempre que se postula um enunciado, que se tem a pretensão de anunciar a realidade como uma verdade objetiva, nega-se o fluxo contínuo da existência e do texto, o que, em suma, acaba por "empobrecer" a realidade – e, portanto, não se trata de fazer filosofia.

Assim, a **ação docente em filosofia** fornece os dados de uma realidade que está em constante movimento, razão por que a práxis educativa se torna essencial à construção e orientação do pensamento filosófico, ou, segundo Nascimento (1986, p. 8), "a razão e o sentido não excluem a imprevisibilidade, os desvios e as angústias, uma vez que o homem está na história como quem se procura, não como quem já se encontrou".

A leitura filosófica não se restringe aos textos clássicos, de autores consagrados da filosofia. O que torna uma leitura de fato filosófica é o processo de escuta, o "exercício paciente de escuta do texto escrito" (Fabbrini, 2005, p. 7). Isso exige que a leitura seja perene, que não se esgote durante o processo de formação, uma vez que deve perpassar toda a existência. Quanto mais se lê, mais se compreende e, por conseguinte, mais há a construção de um repertório necessário para se transitar no universo simbólico das palavras, o que não somente gera novos conhecimentos, mas também um domínio intelectual sobre os signos.

1.2 Produção de textos filosóficos

Entre os vários tipos textuais, o usualmente utilizado para a produção de textos filosóficos é o **argumentativo-crítico**. A palavra *argumento* tem sua origem no termo latino *argumentum* – raiz *argu*, a mesma de "argênteo", "argúcia", "arguto" –, cujo sentido primordial é "fazer brilhar", "iluminar". Esse modo particular de escrever se caracteriza por seu objetivo discursivo, o qual recai em uma espécie de tentativa de convencer o interlocutor acerca de um determinado ponto de vista.

Diversos são os modos de convencer o interlocutor. São Tomás de Aquino, por exemplo, em sua obra *Suma Teológica*, começa por apresentar um argumento para, depois, expor objeções a ele, apresentar possíveis réplicas, a solução do problema e, por fim, responder às objeções ao argumento proposto. É, sem dúvida, um método lógico, argumentativo e analítico, tal como Aristóteles utilizava em suas obras.

Como podemos presumir, a escrita argumentativa pode ser realizada de diferentes modos e por meio de diferentes formatos. É importante lembrar que cada formato corresponde a um modelo específico, que representa determinado **gênero textual** – nesse caso, aqueles contidos no tipo textual argumentativo.

Quadro 1.1 – Gêneros argumentativos

Gênero argumentativo	Tipo de leitor	Marcas estruturais	Observações
Dissertação	Qualquer leitor	Texto impessoal, sem marcas de interlocução, em linguagem objetiva e padrão culto, com rígida divisão das partes do texto argumentativo.	Pode haver ainda dissertação de tom pessoal. Contudo, esta é de cobrança escassa em concursos.
Artigo de opinião	Público leitor de determinada publicação	O texto deve se adequar ao perfil do público. Assim, suas marcas de formalidade ou informalidade dependerão disso. No geral, sua estrutura é menos rígida e costuma se admitir tom pessoal.	O artigo de opinião, de modo geral, é um dos gêneros argumentativos mais livres e fluidos.
Carta de solicitação ou de reclamação	Destinatário da carta	Texto escrito por um remetente específico e destinado a um indivíduo também específico. Portanto, é obrigatório o uso tanto de primeira pessoa quanto de marcas de interlocução, o cabeçalho com local e data, o vocativo e a saudação introdutórias, bem como a despedida e a assinatura.	A distinção entre solicitação e reclamação não é, necessariamente, rigorosa.

(continua)

(Quadro 1.1 – conclusão)

Gênero argumentativo	Tipo de leitor	Marcas estruturais	Observações
Carta de leitor	Editor da revista ou autor de determinada matéria	Texto semelhante ao modelo geral das cartas argumentativas, mas que prescinde de cabeçalho com local e data.	Em geral, é um texto bastante objetivo e conciso.
Editorial	Público leitor de determinada publicação	Texto que expressa a opinião de certa publicação, falando, portanto, em nome coletivo. Sua linguagem tende a ser formal, embora acompanhe a expectativa do público leitor.	–
Crônica argumentativa	Público leitor de determinada publicação	Esse gênero textual, inspirado em ações cotidianas, partilha da liberdade de formato apresentada na crônica narrativa.	Em geral, essa modalidade de crônica pode se aproximar bastante do artigo de opinião.
Resenha crítica	Público leitor de publicação voltada à área artística ou crítica	O texto consiste em um resumo comentado e opinativo sobre determinada obra ou trecho de obra.	Pode ser pensada como uma versão bastante simplificada do ensaio.

Fonte: Adaptado de Nascimento, 2015.

Como você pode perceber por meio do Quadro 1.1, cada gênero argumentativo se dirige a um interlocutor. Assim todo autor deve levar em consideração o seu leitor. Ao se ter em mente o receptor do texto, é possível, de maneira mais precisa e facilitada, definir o tipo e o gênero textuais.

De todo modo, cabe ressaltar que o texto filosófico autêntico deve ser sempre argumentativo-crítico e precisa convencer o interlocutor, por meio de uma estruturação lógica e coesa, a respeito de uma ideia, uma opinião ou um ponto de vista.

1.3 Ação docente

A ação docente em filosofia é fundamental para a leitura, a compreensão e a escrita de textos filosóficos. Insistir na tríade **leitura, escrita e ação docente** é, antes de tudo, primar por uma formação completa na práxis filosófica, uma vez que ela se completa e se sustenta mutuamente no processo de filosofar.

Alguns acadêmicos concluem o curso de Filosofia e, em seguida, cursam o mestrado, finalizando seus estudos com um brilhante doutoramento na área. Esses estudantes são pessoas que, indiscutivelmente, conhecem as teorias filosóficas, seus caminhos e meandros, mas, na maioria das vezes, nada mais do que isso. São, pois, doutores em teorias, em pensamentos alheios.

Por outro lado, existem pessoas que consideram o ato de pesquisar e se aprofundar nos estudos uma ação realizada por quem não tem nada melhor a fazer. Desse modo, mergulham apenas na prática do cotidiano, embebem-se da experiência, utilizando-se dela para se locomover nos complexos caminhos da ação. Ora, a práxis não é somente prática, tampouco pensamento puro. Ela é a tradução da perfeita integração entre pensamento e ação.

De todo modo, tanto o brilhante estudante como o dedicado tarefeiro não são completos: o que falta para um, sobra para o outro. Por essa razão, a reflexão sobre o valor e o significado da ação docente em filosofia não visa apenas refletir acerca de conceitos bem formulados e estruturados ao longo da história, mas, antes, propõe uma reflexão sobre a práxis educativa de filosofia por meio de um processo de ação-reflexão-ação que estabelece um movimento dialógico.

Dito isso, buscaremos, com base em algumas definições sobre a educação dadas por diferentes pensadores, analisar o sentido da educação e da ação docente. Durkheim (1978, p. 42), famoso sociólogo do século XX, em seu livro *Educação e sociologia*, define *educação* da seguinte maneira:

> Ação exercida, pelas gerações adultas, sobre as gerações que não se encontrem ainda preparadas para a vida social; tem por objeto suscitar e desenvolver, na criança, certo número de estados físicos, intelectuais e morais, reclamados pela sociedade política, no seu conjunto, e pelo meio especial a que a criança, particularmente, se destine.

Com base nessa definição, podemos concluir que a educação exige uma **metódica socialização das novas gerações**. Assim, de acordo com a ideia de Durkheim (1978), podemos afirmar que, em cada um de nós, existem dois seres:

> Um, constituído de todos os estados mentais que não se relacionam senão conosco mesmo e com os acontecimentos de nossa vida pessoal; é o que se poderia chamar de ser individual. O outro, seria então, um sistema de ideias, sentimentos e hábitos, que exprimem em nós, não a nossa individualidade, mas o grupo ou os grupos diferentes de que fazemos parte; tais são as crenças e as práticas morais, as tradições nacionais ou profissionais,

as opiniões coletivas de toda espécie. Seu conjunto forma o ser social. (Durkheim, 1978, p. 42)

O primeiro é aquele constituído pelos estados mentais, pela psique humana; é um todo complexo que envolve nossa vida pessoal, ou seja, os pensamentos e as ações que dizem respeito apenas ao indivíduo. Já o segundo é o fato social que Durkheim (1978) descreveu como sendo o modo de agir, sentir e pensar de um determinado grupo de pessoas. Ao contrário do primeiro, que faz menção ao ser individual, o segundo faz menção ao ser social, à coletividade. As crenças e práticas morais, por exemplo, dizem respeito sempre à coletividade. Por mais que o indivíduo tenha sua própria crença ou prática moral, devemos recordar que elas são influenciadas pela coletividade. Por esse motivo, podemos afirmar que os indivíduos influenciam o coletivo da mesma forma que o coletivo influencia os indivíduos, estabelecendo-se entre eles uma **relação dialética**.

O papel da educação é justamente criar indivíduos que sejam seres sociais capazes de, mais que conviver em coletividade, construir a coletividade de forma ética e responsável. De acordo com o próprio Durkheim (1978), constituir esse ser em cada um de nós é o objetivo da educação.

Já para o filósofo norte-americano do século XX John Dewey, em seu livro *Vida e educação*, a educação é definida como "o processo de reconstrução e reorganização da experiência, pelo qual [...] percebemos mais agudamente o sentido, e com isso nos habilitamos a melhor dirigir o curso de nossas experiências futuras" (Dewey, 1978, p. 17).

De acordo com essa definição, a educação é um processo que resulta diretamente da experiência humana, inelutável como a própria vida. Nas palavras de Teixeira (1976, p. 17), "a contínua reorganização e reconstrução da experiência pela reflexão constitui o característico mais particular da vida humana, desde que emergiu do puramente animal para o nível mental".

Na definição de educação de Dewey (1978), um dos aspectos a se ressaltar é que o resultado da educação se identifica com seus meios, que são os processos. Isso ocorre do mesmo modo com a vida. Nós, no decurso da vida, não estamos, em determinado momento, preparando-nos para viver e, em outro momento, vivendo. Da mesma forma, não estamos, em um determinado momento, preparando-nos para nos educar e, em outro momento, educando-nos. A educação que obtemos acontece por meio de nossas experiências de vida, em um processo dialético, concomitante e contínuo. Assim, enquanto vivemos, aprendemos, e enquanto aprendemos, vivemos.

O mundo contemporâneo se encontra em constante mudança. Diante dessa constatação, é recorrente o pensamento de que, atualmente, a educação desempenha um papel essencial na vida dos indivíduos, pois é por meio dela que se pode efetivamente realizar a mudança social.

Todavia, segundo Brandão (2002, p. 78), "a ideia de que a educação não serve apenas à sociedade, ou à pessoa na sociedade, mas à mudança social e à formação consequente de sujeitos e agentes na/da mudança social, pode não estar escrita de maneira direta nas 'leis do ensino'". As leis educacionais, como a Lei de Diretrizes e Bases da Educação Nacional (LDBEN), são geralmente escritas sem se levar em consideração o aspecto da mudança social, mesmo que, como bem ressalta Brandão (2002, p. 79), "suas consequências podem aparecer indiretamente".

Pode-se constatar a afirmação de Brandão (2002) na LDBEN – Lei n. 5.692, de 11 de agosto de 1971 (Brasil, 1971), revogada pela Lei n. 9.394, de 20 de dezembro de 1996 (Brasil, 1996): "O ensino de 1° e 2° graus tem por objetivo geral proporcionar ao educando a formação necessária ao desenvolvimento de suas potencialidades como elemento de autorrealização, preparação para o trabalho e para o exercício consciente da cidadania" (Brasil, 1971).

De acordo com o Parecer CNE/CSE n. 492, de 3 de abril de 2001, do Ministério da Educação (MEC), sobre as Diretrizes Curriculares Nacionais dos cursos de Filosofia, mais precisamente em relação às suas competências e habilidades, a "capacidade para análise, interpretação e comentário de textos teóricos, segundo os mais rigorosos procedimentos de técnica hermenêutica" (Brasil, 2001), deve ser trabalhada na formação do filósofo. Já quando se refere aos cursos de Filosofia, o parecer cita:

> Os cursos deverão formar bacharéis ou licenciados em Filosofia. O bacharelado deve caracterizar-se principalmente pela pesquisa, em geral direcionada aos programas de pós-graduação em Filosofia, bem como ao magistério superior. A licenciatura, a ser orientada também pelas Diretrizes para a Formação Inicial de Professores da Educação Básica em cursos de nível superior, volta-se sobretudo para o ensino de Filosofia no nível médio. Ambos os cursos devem oferecer substancialmente a mesma formação, em termos de conteúdo e de qualidade, organizada em conteúdos básicos e núcleos temáticos. (Brasil, 2001)

Disso decorre o fato de que não há diferenciação entre licenciatura e bacharelado, já que ambas as formações são complementares; ou seja, só se tem uma boa leitura, compreensão e escrita de textos filosóficos se existe uma boa práxis pedagógica. O acréscimo da formação para o trabalho demonstra, mesmo que indiretamente, uma preocupação, ignorada por leis anteriores, com um mundo que se encontra em constante mudança. No âmbito da ação docente, que é o foco dessa reflexão, podemos afirmar que a prática pedagógica sem o embasamento teórico adequado é inócua, e a teoria sem a prática pedagógica necessária, infecunda.

É neste sentido que melhor se revela a importância do trabalho educativo. Na verdade, segundo Durkheim (1978, p. 42),

> Espontaneamente, o homem não se submeteria a nenhuma autoridade política; não respeitaria a disciplina moral, não se devotaria, não se sacrificaria. Nada há em nossa natureza congênita que nos predisponha a tornar-nos, necessariamente, servidores de divindades, ou de emblemas simbólicos da sociedade, que nos leve a render-lhes culto, a nos privarmos em seu proveito ou em sua honra. Foi a própria sociedade, na medida de sua formação e consolidação, que tirou de seu próprio seio essas grandes forças morais, diante das quais o homem sente a sua fraqueza e inferioridade.

Cada indivíduo, ao nascer, não traz mais que sua própria natureza de indivíduo. Não se nasce um ser moral ou ético, mas o contrário disso. Ao passar a existir, cada novo ser não traz nada consigo que não seja seu instinto animal, sua natureza primeira. Por essa razão, Durkheim (1978, p. 42) afirma que: "A sociedade se encontra, a cada nova geração, como que em face de uma tabula rasa, sobre a qual é preciso construir quase tudo de novo. É preciso que, pelos meios mais rápidos, ela agregue ao ser egoísta e a-social, que acaba de nascer, uma natureza capaz de vida moral e social".

De acordo com Durkheim (1978), este é o papel da educação. Não é objetivo dela desenvolver o homem de acordo com aquilo que naturalmente ele conhece ou tornar os elementos não revelados mais tangíveis. A educação, antes de qualquer outra coisa, deve criar um ser novo, social, capaz de agir de acordo com normas morais. Ela satisfaz, antes de tudo, a necessidade social – embora, cabe ressaltar, existam sociedades em que certos predicados não são cultivados e, mais ainda, têm sido muito diversamente compreendidos, segundo cada grupo social considerado.

Os indivíduos não têm, por si mesmos, o apetite instintivo pela ciência, como tantas vezes e tão arbitrariamente se tem afirmado. Eles não desejam a ciência; mas, se a desejam e a buscam, é porque a experiência lhes tem demonstrado que não podem viver sem ela.

Rousseau, filósofo do século XVIII, já afirmava que, para satisfazer as necessidades da vida, a sensação, a experiência e o instinto podem bastar, como bastam aos animais. De acordo com Durkheim (citado por Filloux, 2010, p. 52):

> Se o homem não conhecesse outras necessidades senão essas, muito simples, que têm raízes em sua própria constituição individual, não se teria posto no encalço da ciência, tanto mais que ela não pode ser adquirida senão após duros e penosos esforços. O homem não veio a conhecer a sede do saber senão quando a sociedade lha despertou; e a sociedade não lha despertou se não quando sentiu que seria necessário fazê-lo.

Afirmar que o ser humano não necessita da sociedade ou muito menos da educação para viver é ignorar o que realmente o torna humano, uma vez que, conforme Durkheim (1978, p. 45), "o homem não é humano senão porque vive em sociedade". Se fosse retirado do homem tudo aquilo que a sociedade lhe proporciona, ele retornaria à condição animal e viveria de modo semelhante a outras espécies.

Ainda para Durkheim (citado por Filloux, 2010), se o homem conseguiu ultrapassar seu estágio animal é porque, primeiramente, não se conformou com o resultado único de seus esforços pessoais, mas cooperou sempre com seus semelhantes, somando-se a eles nas atividades individuais; ademais, e sobretudo, porque os resultados do trabalho de uma geração inteira foram aproveitados pela geração seguinte.

O resultado de uma geração é quase todo conservado pela próxima geração por meio da tradição oral, dos escritos, dos monumentos figurados, dos utensílios e instrumentos de toda espécie. Ao invés de se dissiparem, sempre que uma geração se extingue e é substituída por outra, a ciência e a sabedoria adquirida a duras penas vão sendo acumuladas e revistas. É esse acúmulo que conduz o homem a um patamar de conhecimento maior que o dos outros animais.

Segundo Piletti (1997), em seu livro *Filosofia da educação*, a época contemporânea é caracterizada pela pluralidade de imagens-ideias. Trata-se de um pluralismo benéfico, desde que nos ajude a superar os dogmatismos, os fanatismos e todos os demais "ismos" que possam vir a existir.

É lugar-comum hoje, no âmbito da educação, tanto educadores quanto pessoas de outras áreas dizerem que o indivíduo não é um produto acabado, não é coisa, não é instrumento. O ser humano é diferente: não é coisa, pois afirmar o que ele é pode intervir no seu "vir a ser". Caso contrário, não haveria educadores.

É importante se ter em mente que os educadores não são mais vistos como formadores de sujeitos. Talvez, como afirmou Guimarães Rosa (1976, p. 436) em seu célebre livro *Grande sertão: veredas*: "Pergunto coisas ao buriti; o que ele responde é: a coragem minha. Buriti quer todo o azul, e não se aparta de sua água – carece de espelho. Mestre não é quem sempre ensina, mas quem de repente aprende". Isso porque devemos abandonar as nossas certezas, pois, como disse Guimarães Rosa (1976, p. 389), a "natureza da gente não cabe em nenhuma certeza".

Professores e estudantes de filosofia estão imersos em uma comunidade que é fruto da prática de todos. Não se pode afirmar que o educador é detentor da cultura ou do conhecimento a ser ensinado, porque tanto a cultura quanto o conhecimento são frutos de uma **prática coletiva**. Por isso, talvez, a palavra que melhor descreva a relação entre ensino e aprendizagem não seja *ensinamento*, mas, antes, *compartilhamento*.

A prática pedagógica, contudo, está condicionada por divisões sociais resultantes de uma sociedade dividida em classes – uma segmentação que acaba por gerar uma série de implicações. De todo modo, vale lembrar que, se a educação é condicionada, ela também condiciona. Ela contribui para a difusão de uma nova concepção de mundo e um novo projeto histórico, que serve de base para que o indivíduo tenha uma visão mais ampla da realidade, o que, certamente, influenciará em sua leitura do mundo. A educação pode ainda, como queria Paulo Freire, contribuir para o surgimento de uma hegemonia correspondente ao projeto de emancipação dos oprimidos.

Todavia, é notório que a educação em uma sociedade desigual reproduz desigualdades, forçando os indivíduos menos favorecidos a permanecer em seu estado inferior e propiciando o crescimento dos mais favorecidos. Dessa forma, consagra que apenas minorias reduzidas possam desfrutar de suas benesses. Contudo, a educação deve ser maior que as classes sociais e indispensável para a sociedade, pois "é uma invenção humana e, se em algum lugar foi feita um dia de um modo, pode ser mais adiante refeita de outro, diferente, diverso, até oposto" (Brandão, 2002, p. 99).

À medida que as classes menos favorecidas se tornam cada vez mais presentes, elas, com sua maneira específica de ser, pensar e agir, entram em contradição com a proposta pedagógica escolar, que se encontra de acordo com a lógica da classe que domina a sociedade. Segundo Martins (1989, p. 174), as classes menos favorecidas

> pressionam o professor a buscar alternativas para dar conta das dificuldades apresentadas por aqueles alunos. Os professores, aceitando esse desafio e procurando alternativas, mesmo não tendo a compreensão profunda da direção, se posicionam a favor dessas classes e vão gerando, na prática, os germes da destruição dessa organização que é excludente em relação à maioria dos seus alunos e a si próprios.

É nesse contexto que a ação docente em filosofia assume o valor e o significado de uma práxis, e sua tarefa consiste em explicitar a dimensão emancipatória não só da ação docente, mas também da práxis social, servindo, dessa forma, como base para a leitura e a compreensão de uma realidade que se encontra em constante transformação. Portanto, é função do estudante de filosofia suscitar a reflexão e ajudar na tomada de decisão no que se refere à educação como libertação do sujeito, objetivando uma práxis educacional e social cada vez mais consciente e ativa.

Por isso, é necessário assumir o risco da práxis. Contudo, não devemos partir para a ação sem levar a teoria em consideração. É preciso que haja, como vimos, uma perfeita integração entre pensamento e ação.

Síntese

Ao longo da história da filosofia, a ação docente adquire significados diversos e, muitas vezes, desconhecidos. Tal ação é o núcleo do processo de ensino e aprendizagem em filosofia e, por isso, deve ser considerada como essencial para o sucesso das trocas que se estabelecem entre os atos de ensinar e de aprender. Por esse motivo, neste capítulo, refletimos sobre a práxis educativa em filosofia, ou seja, sobre a ação docente. Apresentamos, ao longo do texto, ideias que conduzem os leitores a reflexões, demonstrando que, além de muito sério, o ato de ensinar deve ser realizado por meio da experiência para que, com autonomia, o estudante possa atuar e modificar a sua realidade.

Indicação cultural

Livro

BRANDÃO, C. R. **O que é educação?** São paulo: Brasiliense, 2002.

Uma excelente leitura para quem deseja entender o significado da educação é o livro *O que é educação*, de Carlos Rodrigues Brandão. Nele, o autor, sem defender uma teoria partidária, expõe de forma clara e concisa sua visão sobre os diferentes significados da educação e do ensino.

Atividades de autoavaliação

1. A leitura, conectada com o pensamento, se desenvolve proporcionalmente de acordo com a frequência com que essa atividade é realizada. Os três níveis de leitura e compreensão de texto são:

   a) nível das palavras, nível das coisas e nível textual.

   b) nível das palavras, nível das coisas e nível interpretativo-crítico.

c) nível das palavras, nível textual e nível interpretativo-crítico.

d) nível das coisas, nível interpretativo-crítico e nível textual.

2. De acordo com Durkheim (1978), a educação é mais do que simplesmente transmissão de conteúdos, ela exige e reivindica a inovação. Dessa forma, podemos afirmar que a educação:

a) mais que educar, transmite conhecimentos.

b) proporciona ao homem a criação de um novo ser.

c) reitera a obra inaugurada pelo estudo.

d) estimula o estudo e o convívio entre os homens.

3. Os homens não têm, por si mesmos, um apetite instintivo pela ciência, como tantas vezes e tão arbitrariamente se tem afirmado. Os homens não desejam a ciência, entretanto, não podem viver sem ela. Então, se eles a desejam, é porque:

a) a experiência lhes mostrou que não há como viver sem ela.

b) tudo o que a ciência prega é a verdade.

c) a ciência é uma forma de pensamento muito comum atualmente.

d) desde o princípio a ciência esteve ligada às grandes invenções.

4. De acordo com o capítulo estudado, o valor da ação docente não se encerra no ato de teorizar a prática educativa. Diante disso, o objetivo central da reflexão proposta no capítulo é:

a) refletir sobre o estudante e o professor.

b) refletir sobre a escola e o ensino.

c) refletir sobre a práxis educativa.

d) atuar na escola em prol da educação.

5. Assumir o risco de uma práxis é indispensável para o filósofo, porque:

a) é parte da profissão de filósofo.

b) somente assumindo o risco o filósofo estará educando de fato.

c) sem o risco não pode haver educação.

d) só o risco assumido conduzirá o filósofo à reflexão necessária ao exercício da filosofia.

Atividades de aprendizagem

Questões para reflexão

1. Leia a citação a seguir e procure estabelecer uma relação entre ela e o ato de ensinar filosofia: "Pergunto coisas ao buriti; o que ele responde é: a coragem minha. Buriti quer todo o azul, e não se aparta de sua água – carece de espelho. Mestre não é quem sempre ensina, mas quem de repente aprende" (Guimarães Rosa, 1976, p. 389).

2. Segundo Dewey (1978, p. 17), "Educação é o processo de reconstrução e reorganização da experiência, pelo qual [...] percebemos mais agudamente o sentido, e com isso nos habilitamos a melhor dirigir o curso de nossas experiências futuras". Estabeleça uma relação entre a citação de Dewey e o ato de redigir textos filosóficos.

Atividade aplicada: prática

Sobre o tema *política atual*, escreva um texto argumentativo-crítico em formato de artigo de opinião.

11

Filosofia antiga: o estudo dos clássicos

Em se tratando de leitura, compreensão e escrita de textos de filosofia, o estudo dos clássicos é praticamente obrigatório. Contudo, é preciso ter alguns cuidados na escolha de textos e fontes confiáveis. Da mesma forma, devemos preferir, sempre que possível, entrar em contato com as fontes primárias, pois nada substitui as palavras originais. Saber escolher uma fonte confiável é fundamental para o sucesso do trabalho.

Desse modo, este capítulo apresenta um panorama do período clássico da filosofia, a fim de auxiliar você, leitor, no desenvolvimento de novas pesquisas. Assim, em um primeiro momento, será realizada uma análise das fontes da filosofia clássica para, em um segundo momento, debater temas e pensadores pertinentes à leitura e à escrita de textos filosóficos.

Figura 2.1 – Localização dos principais pensadores gregos

[figura: mapa da região mediterrânea com localização dos filósofos gregos — Zenão, Parmênides, Demócrito, Protágoras, Aristóteles, Anaxágoras, Abdera, Epicuro, Eleia, Pirro, Estagira, Pitágoras, Zenão, Empédocles, Clazômenas, Heráclito, Atenas, Éfeso, Élida, Samos, Mileto, Agrigento, Platão, Rodes, Sócrates, Cítio, Tales, Panécio, MAR MEDITERRÂNEO, Anaximandro, Possidônio, Anaxímenes, MAR NEGRO]

Legenda: Época pré-socrática, Época clássica, Época helenística, Rios
Escala aproximada — 0 | 370 | 740 km — Projeção de Robinson

Crédito: Thiago Granado

Fonte: Adaptado de Hectorsaurius Park, 2012.

No mapa, podemos visualizar a região de nascimento dos principais filósofos gregos da Antiguidade Clássica. É possível perceber como a Grécia Antiga é bem maior que a atual. Isso acontece porque, por um lado, todas as cidades eram Estados independentes e, por outro, os gregos buscavam as melhores terras e os melhores acessos aos recursos naturais.

2.1 As fontes da filosofia pré-socrática

Atualmente, temos acesso somente a fragmentos do que foi desenvolvido pelos primeiros pensadores da filosofia pré-socrática em citações de outros autores antigos, encontradas em escritos desde Platão (século IV a.C.) até Simplício (século VI d.C.). Também podem ser encontrados, raramente, em escritos bizantinos tardios, como nos de Juan Tzetzes (século VII d. C.).

Em razão do tempo e da metodologia de escrita da época, a data de uma citação não é um guia fidedigno de sua fonte. Platão, por exemplo, não tem um tratamento rigoroso com suas fontes, misturando, com frequência, citações diretas com paráfrases. Além disso, sua postura para com seus antecessores não é objetiva.

Platão é o primeiro comentador dos filósofos pré-socráticos. Entretanto, seus comentários são quase sempre irônicos. Dessa forma, suas referências a Heráclito e a Parmênides são, frequentemente, parciais ou exageradas, muito mais que históricas ou objetivas. Mesmo assim, Platão fornece, ainda que de forma breve, um ponto de vista útil sobre os problemas filosóficos do século V, como pode ser lido na seguinte passagem do livro *Diálogos* (1970, p. 134): "Escuta, então, o que vou contar: em minha mocidade senti-me apaixonado por esse gênero de estudos a que dão o nome de 'exame da natureza'; parecia-me admirável, com efeito, conhecer as causas de tudo, saber por que tudo vem à existência, por que parece e por que existe". Isso porque me parecia ser algo sublime conhecer as causas de todas as coisas, o por que nasce cada coisa, porque morre e porque é".

Aristóteles, assim como Platão, não nos forneceu muitas citações diretas, realizando paráfrases ou apresentando-as em meio aos seus comentários. Mas o mais importante são as análises críticas que realizou sobre a teoria de seus predecessores, característica que denota seu principal valor.

Aristóteles dedicou mais tempo e atenção que Platão aos seus predecessores e iniciou alguns de seus tratados com um exame formal de suas opiniões. É o caso, por exemplo, do livro *Metafísica*. Nele, Aristóteles afirma que

> Tales de Mileto foi o primeiro a professar essa doutrina da causa primeira. Anaxímenes e Diógenes, ao contrário, mais do que a água, consideraram como originário o ar e, entre os corpos simples, o consideraram como princípio por excelência, enquanto Hipaso de Metaponto e Heráclito de Éfeso consideraram como princípio o fogo. (Aristóteles, 2002a, p. 17)

Entretanto, é importante ressaltar que as análises e os comentários de Aristóteles sobre seus antecessores devem ser vistos com cautela, porque, para ele, os primeiros filósofos iniciaram um trabalho apenas rudimentar que, por meio da filosofia aristotélica, chegou ao auge.

Já Simplício, ao contrário de Platão e Aristóteles, reproduziu citações de maneira extremamente meticulosa e fiel, sobretudo de Parmênides, Empédocles e Anaxágoras. Isso ele fez não por preciosismo literário, mas por necessidade. Ao escrever o livro da *Física* e *Do céu*, de Aristóteles, ele teve de recorrer aos comentários de seus predecessores, citando-os de forma fidedigna.

2.1.1 Filósofos pré-socráticos

As primeiras tentativas racionais de explicar a natureza ocorreram na Jônia (atual Turquia) – talvez pela proximidade com outras culturas, como a de Sardes e a do Egito, ou talvez por uma longa tradição literária que data da época de Homero. O certo é que, em menos de um século, Mileto assistiu ao nascimento de três grandes estudiosos da natureza: Tales, Anaximandro e Anaxímenes.

Esses estudiosos compartilhavam a mesma preocupação: explicar a realidade física e o mundo à sua volta a partir de uma organização sistemática do real e de acordo com um único princípio constitutivo chamado, em grego, *arché*. Tal preocupação, mais tarde, foi seguida por outros, dando início ao que se convencionou chamar de *período pré-socrático*. Entre os muitos filósofos pré-socráticos, abordaremos Heráclito de Éfeso e Parmênides de Elea. De certa forma, ambos sintetizaram o pensamento antes de Sócrates e são a expressão máxima desse período.

2.1.1.1 Heráclito de Éfeso

Segundo Diógenes Laércio (1988), em seu livro *Vidas e doutrinas dos filósofos ilustres*, Heráclito foi filho de Heraclón de Éfeso e teve seu *acmé*[1] por volta dos 40 anos de idade, o que ocorreu na Olimpíada 69 (por volta dos anos 504-501 a.c.). Falava por enigmas e acabou por se converter em um misantropo. Retirou-se do mundo e foi viver nas montanhas, alimentando-se de plantas e ervas. Viveu até os 60 anos.

Um escritor sátiro do século III a.c. chamou Heráclito de *enigmático* (Laércio, 1988, p. 252), criticando seu comportamento, sua fala e sua forma de escrever. Essa crítica, em forma de sátira, rendeu-lhe mais tarde o epíteto de O Obscuro, o que pode ser confirmado com Cícero em seu livro *De Finibus*.

Chegou a escrever um livro que foi intitulado, ao que tudo indica, *Sobre a natureza*, o qual estava dividido em três partes: o universo, a política e a teologia (Laércio, 1988). Consagrou sua obra ao templo de Ártemis e, de forma intencional, segundo os antigos, escreveu de um modo rebuscado e um tanto enigmático, para que só

---

1 *Acmé* é o termo grego que corresponde ao ponto mais alto, estágio culminante, ou seja, é o auge do desenvolvimento do pensamento do autor.

os mais capazes pudessem entender. Sua obra teve tanta repercussão, segundo Diógenes Laércio (1988, IX 6), que ele passou a ter muitos seguidores, discípulos que se autodenominavam *heraclíteos*.

A obra de Heráclito chegou aos dias atuais em forma de fragmentos, encontrados sobretudo em textos de outros autores. O fragmento de número 41, em particular, encontrado na obra de Diógenes Laércio, *Vidas e doutrinas dos filósofos ilustres*, apresenta a verdadeira razão de sua filosofia e representa, de forma geral, o pensamento dos primeiros filósofos: "Uma só coisa é a sabedoria: conhecer com juízo verdadeiro como todas as coisas são governadas por meio de todas as coisas" (Laércio, 1988, p. 252).

Fica claro que Heráclito não tinha apenas curiosidade sobre as coisas e sua origem. Ele buscava o *arché* de todas as coisas, com base na ideia de que o homem e a vida encontram-se indissociáveis do todo – pensamento que é evidente ao lermos outro fragmento encontrado na obra de Hipólito: "É sábio concordar que todas as coisas são Una".

Heráclito ficou conhecido como o filósofo do "vir a ser", uma vez que, para ele, tudo estava em constante movimento. Platão confirma essa ideia fornecendo uma preciosa informação nesse sentido, no texto *Crátilo*, quando Sócrates, ao debater com Hermógenes sobre Cronos e Reia, utiliza-se das palavras de Heráclito para justificar seus argumentos: "Heráclito diz, como sabes, que tudo se move e nada permanece em repouso e, compara o universo a corrente de um rio, dizendo que não podes entrar duas vezes no mesmo rio" (Platão, 2010, p. 68).

Outra contribuição valiosíssima que atesta que Heráclito foi considerado o filósofo do "vir a ser" é um trecho de Aristóteles, presente em seu livro *Física* (1995, p. 435): "Alguns afirmam não que umas coisas se movem e outras não, mas sim, que todas as coisas estão em constante movimento, ainda que este feito escape de nossa percepção sensorial".

Tudo é mudança e nada é permanência. Tal constatação não é oriunda da experiência, pois, como bem afirmava Aristóteles, ela escapa à percepção sensorial e procede como uma consequência inexorável do fato de Heráclito ter afirmado que o *arché* de todas as coisas é o fogo, o que pode ser constatado no texto de Plutarco (citado por Kirk e Raven, 1969, p. 278, tradução nossa): "Morte de fogo gênese para ar, morte de ar gênese para água".

Apesar de ter afirmado que o *arché* de todas as coisas é o fogo, e que se vive a mudança e não a permanência, Heráclito teve uma existência enigmática e muito controversa, mas que marcou de forma positiva toda a história da filosofia – desde a presente em sua época, passando por Heidegger, até os dias atuais. Sem dúvida, o fragmento mais emblemático de seu pensamento, que reflete sua postura de vida, apresenta-se assim como em um epitáfio: "Procurei a mim mesmo" (Plutarco, citado por Kirk e Raven, 1969, p. 300, tradução nossa).

2.1.1.2 Parmênides

Os escritos de Parmênides que chegaram até os dias atuais correspondem a uma grande proporção de sua obra, graças ao trabalho de Simplício, que transcreveu extensas passagens do texto em seus comentários a Aristóteles. Isso fez com que o texto fosse mais conhecido, o que lhe deu melhores chances de não se perder na história.

O texto de Parmênides é um poema escrito quase que exclusivamente em hexâmetros. Apesar de ser um poema, sua linguagem não é poética. Pelo contrário, é uma linguagem prosaica e, por vezes, confusa. Existem passagens de difícil entendimento que, até hoje, provocam discórdia entre os especialistas que tentam lhe atribuir significado.

O poema apresenta uma introdução alegórica e divide-se em duas partes: a "Via da Verdade" e a "Via da Opinião". A primeira via parte da seguinte premissa:

> Pois bem, eu te direi, e tu recebes a palavra que ouviste, os únicos caminhos de inquérito que são a pensar: o primeiro, que é e, portanto, que não é não ser, de Persuasão é o caminho (pois à verdade acompanha); o outro, que não é e, portanto, que é preciso não ser, este então, eu te digo, é atalho de todo incrível; pois nem conhecerias o que não é (pois não é exequível), nem o dirias. (Kirk; Raven, 1969, p. 377, tradução nossa)

Aparentemente, o Fragmento 3, em Clemente de Alexandria, completa a citação anterior: "pois, o mesmo é o pensar e o ser". Isso porque, segundo Parmênides, o que é, é; o que não é, não é. Assim, o pensar se encontra no ser e, portanto, vem a constituir o próprio ser. Em um comentário à obra *Física*, de Aristóteles, Parmênides (citado por Kirk e Raven, 1969, p. 379) resume suas posições: "Ou é ou não é uma coisa".

A primeira parte do poema de Parmênides parece induzir o leitor a uma investigação lógica sem igual entre os primeiros pensadores da filosofia. O ponto de partida de sua investigação é o verbo *existir*, que o conduz a deduzir o que se pode saber sobre o ser, negando a validade dos sentidos ou a veracidade do que eles experimentam, uma vez que Parmênides afirma que a realidade é indivisível: "Nem está dividida, pois é tudo igual; nem há mais aqui, isso impediria que fosse contínuo, nem há mais ali, mas antes, está todo cheio de ente. Portanto, é todo contínuo, pois o ente toca o ente" (Kirk; Raven, 1969, p. 382). O ente toca o ente, ou seja, não existe o vazio, tudo o que existe é o ente, indivisível, inseparável e homogêneo.

Na segunda parte do poema – a "Via de Opinião" –, Parmênides retorna ao mundo sensível, o qual se esforçou tanto para negar na primeira parte, de modo a construir, ao que tudo indica, uma cosmogonia tradicional. Em um dos escassos fragmentos da segunda parte, afirma:

> Parmênides passa das coisas pensáveis para as sensíveis, ou como ele disse, da verdade para a opinião, quando disse: Aqui termino meu fidedigno discurso e pensamento sobre a verdade; aprende, a partir daqui, as opiniões dos mortais escutando a ordem enganosa de minhas palavras e converte em *arché* de todas as coisas geradas à oposição primaria da luz e da escuridão, como ele as denomina, o do fogo e a terra ou do denso e do raso ou do mesmo e do distinto, pois disse imediatamente depois dos versos citados acima: pois decidiram dar nome às duas formas, das quais não é necessário uma. (Parmênides citado por Kirk e Raven, 1969, p. 383)

Parmênides apresenta o que será denominado mais tarde de *princípio de não contradição*, o qual evidencia que o ser existe e não pode deixar de existir, enquanto o não ser não existe e não tem como vir a existir. Assim, a "Via de Opinião" é a afirmação da "Via da Verdade", pois esclarece que as coisas pensáveis pertencem à via da verdade, ao passo que as sensíveis encontram-se na via da opinião. A opinião é errônea porque o não-ser não existe, e falar sobre ele, escrever sobre ele ou, até mesmo, afirmar a sua existência consiste em um erro. É nesse sentido que a via da opinião é a afirmação de toda uma doutrina voltada ao ser e a seus desdobramentos.

2.2 As fontes de Sócrates, Platão e Aristóteles

Sócrates foi um personagem que surgiu na história da filosofia, promoveu uma verdadeira revolução na estrutura do pensamento de sua época e desapareceu sem deixar rastro algum. Platão descreve Sócrates como sendo ateniense, de família humilde e sem condições de pagar pelos estudos. Seria por esse motivo que não deixou nenhum escrito e tudo o que se sabe sobre ele encontra-se nos escritos militares de Xenofonte, nos textos cômicos de Aristófanes e, principalmente, nos textos filosóficos de Platão, seu melhor discípulo. Platão fez de Sócrates protagonista de suas principais obras, entre elas, *Teeteto*, *A república*, *Fédon* e *O banquete*.

Assim, todo o pensamento e a filosofia socráticas devem ser reconstituídos a partir dos textos de Platão, pois ele não deixou nenhum indício histórico de sua existência, o que inevitavelmente levanta dúvidas e questionamentos de que tal pessoa possa realmente ter existido.

Platão, por sua vez, foi muito profícuo em sua produção e deixou para a história 36 textos que nos chegaram em sua totalidade, graças à organização de seu discípulo alexandrino Trasilo de Mendes – que também organizou as obras de Demócrito de Abdera –, o qual optou por dividir a obra em nove tetralogias, facilitando sua organização e preservação.

Aristóteles é o primeiro filósofo a considerar que a escrita é tão importante quanto a fala. Até então, Platão e os demais filósofos de sua época consideravam a fala superior à escrita, ressaltando que verbalizar o pensamento era mais importante que escrevê-lo.

De fato, nas histórias que se contam sobre a relação entre Platão e Aristóteles, os antigos depoimentos alexandrinos afirmavam que o mestre teria atribuído dois epítetos a Aristóteles: o primeiro era A Inteligência, chegando a afirmar, quando seu discípulo faltava às suas aulas, que A Inteligência estava ausente e que o auditório estava mudo; o segundo era O Leitor, o que indica que Aristóteles tinha o hábito de ler constantemente, algo no mínimo inusitado para a época, visto que os textos não eram lidos, mas ouvidos.

A leitura não era uma atividade usual, sobretudo na academia de Platão. O mais comum era que tivessem pessoas específicas, e até mesmo escravos, para fazer tal trabalho. Assim, o apelido dado a Aristóteles marca culturalmente uma mudança, a passagem da oralidade para a valorização dos hábitos de ler e escrever. Essa mudança trouxe consigo um enorme impacto na forma de se fazer e transmitir conhecimentos, acarretando um salto qualitativo na filosofia da época.

Em relação à obra de Aristóteles, pouco antes de sua morte ele teve de sair apressadamente de Atenas, pois estava crescendo um sentimento antimacedônico, o que o impediu de, mesmo que fosse a sua vontade, fazer ou mesmo deixar uma ordenação conveniente de sua obra. Essa tarefa coube a Andrónico.

Apesar das várias classificações do *corpus aristotelicus*, como a de Diógenes e a dos neoplatônicos, a obra aristotélica que herdamos foi classificada e editada por Bekker, no ano de 1831, para a academia de

Berlim, acrescida do texto "A constituição de Atenas", que só mais tarde foi redescoberto. A obra de Bekker tornou-se referência para os estudos de Aristóteles e é constituída de 47 escritos distribuídos entre os seguintes temas: lógica, cosmologia, psicologia, biologia, metafísica, ética, política, retórica e poética. A ordenação dos títulos é a mesma que foi sedimentada entre a edição romana e os comentadores alexandrinos.

2.2.1 O auge do pensamento clássico

A seguir, abordaremos de forma sucinta a vida e a obra dos pensadores que, no período áureo da filosofia grega, revolucionaram o modo como vemos e compreendemos o mundo. A partir de Sócrates, a filosofia moral adquire uma nova conotação e, com a chegada de Platão e Aristóteles, alcança patamares nunca antes vistos, que intrigam os filósofos até os dias de hoje.

2.2.1.1 Sócrates

De tempos em tempos aparecem na história personagens extraordinários e enigmáticos. Esse é o caso de Sócrates que, por ter sido tão espetacular, chega a levantar suspeitas sobre sua verdadeira existência. Sócrates não deixou nada escrito. Para conhecer seu pensamento, é preciso recorrer aos testemunhos de seus contemporâneos. E aí reside o enigma: os testemunhos são tão contraditórios que, em alguns casos, chegam a ser opostos. Assim, nenhum deles fornece uma pista segura sobre seu pensamento. Segundo Reale (1994b, p. 248), "sobre Sócrates, podemos saber dele, com segurança histórica, menos do que podemos saber dos pré-socráticos".

O que mais se conhece sobre Sócrates refere-se à sua morte, que ocorreu no ano de 399 a.C. Segundo Platão, seu melhor discípulo, quando de sua morte, ele teria 70 anos, do que se deduz que teria nascido por volta de 470/469 a.c., em Atenas.

De família ateniense e pobre, Sócrates viveu nos arredores de Atenas, no demo de Alopeke, como conta Diógenes Laércio (1988). Sua família não era de escravos, porém também não possuíam nenhum escravo, o que obrigou Sócrates a trabalhar para conseguir o próprio sustento – prática que não era bem vista entre os atenienses, pois os aristocratas deixavam seus trabalhos ao encargo de metecos[2] ou estrangeiros.

Na hora de sua morte, conta Platão, na obra *Fédon* (2011a), estavam com ele dois filhos jovens e um menor. Provavelmente filhos de Xantipa, esposa que era conhecida por ser "insuportável", fama que lhe foi atribuída posteriormente por Xenofonte (1972): "a mais insuportável das que existem, existiram e existirão". Laércio (1988) relata que Sócrates havia se casado uma segunda vez, com uma mulher chamada Mirto, sem dote, por se comover com a situação do pai da moça.

Sócrates nunca se afastou de Atenas, com exceção do período em que serviu como soldado ateniense, combatendo em Potideia, Anfípoli e Delio. Como se exercitava sempre, tinha um físico avantajado e estava sempre em boa forma, o que permitiu que suportasse as mais duras campanhas militares – como em Potideia, onde ficou

---

2 Os metecos eram estrangeiros que migravam para as cidades gregas. Era muito comum encontrá-los nessas cidades – com exceção de Esparta, que era avessa a estrangeiros –, pois a riqueza alcançada por algumas cidades atraíam as pessoas que buscavam trabalho e uma vida melhor. Apesar de numerosos, eles não tinham direitos políticos e não podiam se casar com cidadãos, por não pertencerem à mesma linhagem que estes últimos, mas mesmo assim gozavam de uma vida relativamente tranquila.

uma noite inteira na mesma posição, situação que lhe conferiu um prêmio por bravura (Platão, 2011c).

Sobre sua aparência, ninguém melhor que Alcebíades[3] para o descrever com tantos detalhes:

> Afirmo eu então que é ele muito semelhante a esses silenos [...] colocados nas oficinas dos estatutários, que os artistas representam com um pifre ou uma flauta, os quais, abertos ao meio, vê-se que têm em seu interior estatuetas de deuses. Por outro lado, digo também que ele se assemelha ao sátiro Mársias. [...] Que na verdade, em teu aspecto pelo menos és semelhante a esses dois seres, ó Sócrates, nem mesmo tu poderias contestar; que porém também no mais tu te assemelhas, é o que depois disso tens de ouvir. (Platão, 2009)

De fala eloquente, como a de um sátiro que com sua flauta replica melodias que levam a alma ao delírio, assim era Sócrates com suas palavras e discursos. Todavia, talvez seu grande ensinamento não venha de suas palavras, mas de suas ações. Ele viveu o que pregou e foi coerente com seu discurso até na hora de sua morte.

Em todo o seu pensamento, destaca-se seu **método dialógico**. É importante ressaltar que essa temática não o coloca no âmbito da lógica ou da epistemologia, pois sua dialética tem uma perspectiva educativa e ética, constituindo-se numa exortação às virtudes da alma por meio da constatação de que o homem é sua alma. Uma passagem central para a compreensão dessa afirmação encontra-se em Platão (tradução nossa):

---

3 Muitos autores relatam a paixão de Sócrates por Alcebíades. Entre eles, destacamos Platão, no livro *O banquete*, e Diógenes Laércio, no livro *Vidas e doutrinas dos filósofos ilustres*.

Nícias – Porque, ao que me parece, não sabes que qualquer um que se aproxime dele [este é um diálogo entre Nícias e Lisímaco e falam sobre Sócrates] e ponha-se com ele a raciocinar, qualquer que seja o assunto a tratar, arrastado na espiral do discurso, é inevitavelmente constrangido a ir adiante, até que chegue a dar conta de si, e a dizer de que modo vive e de que modo viveu; e uma vez chegando a isso, Sócrates não o deixa mais enquanto não tiver discernido muito bem cada palavra. Eu tenho o hábito de frequentá-lo e sei que nisso ninguém lhe escapa, como sei muito bem que nem mesmo eu lhe escapei. Porque, ó Lisímaco, tenho prazer em estar com ele e penso que não é mal que haja alguém que nos recorde que não temos vivido e não vivemos como se deveria, pois somos inevitavelmente induzidos a ser mais atentos com relação ao futuro, quando não nos subtraímos a semelhantes provas, e, segundo o dito de Sólon, nos mostremos dispostos e consideremos justo dever continuar a aprender enquanto vivemos, e não creiamos que com a velhice devamos necessariamente perder também o juízo. Para mim, em todo caso, não é coisa nova nem desagradável o fato de ser posto à prova por Sócrates; e já o sabia há muito que, se Sócrates estivesse presente, o discurso giraria em torno não dos jovens, mas de nós mesmos. (Platão, 1921, p. 10, tradução nossa)

A postura de Sócrates é inédita e inusitada. Ele se posiciona ante seu interlocutor dando a entender "não saber", quase como um cético, o que lhe conferiu, muitas vezes, a fama de arrogante. Na realidade, a postura socrática marca um novo período do pensamento filosófico grego e uma ruptura radical com seus predecessores. Tal afirmação – de nada saber – ganha significado e contexto no exato momento em que Sócrates tenta compreender a sentença do Oráculo[4], que afirmou ser Sócrates o mais sábio entre os homens (Platão, 1984).

---

4   O termo *oráculo* corresponde, na Grécia Clássica, à adivinhação do futuro e ao vaticínio. Era o veredito ou a resposta à pergunta feita a um deus ou uma divindade. O oráculo mais conhecido da Antiguidade foi o de Delfos, que ficava na cidade de mesmo nome, onde o próprio Alexandre Magno teria se consultado.

O **método socrático** é constituído por duas etapas principais: a ironia e a maiêutica. A primeira delas, a **ironia**, acontece quando, por meio de um diálogo, Sócrates conduz seu interlocutor a reconhecer sua ignorância. No início do diálogo, ele se posiciona como quem não sabe e está aprendendo. Pouco a pouco, com seu jogo de palavras e com o uso de argumentos, conduz o interlocutor ao reconhecimento de sua ignorância – reconhecimento que é *conditio sine qua non* e ponto de partida para a construção do verdadeiro conhecimento. Só aqueles que reconhecem seus limites e admitem a ignorância podem trilhar o verdadeiro caminho para alcançar o conhecimento.

Essa etapa do método socrático pode ser melhor compreendida com o seguinte trecho, presente na obra *Diálogos*, de Platão (1970, p. 196):

> Propõem ao seu interlocutor questões às quais acreditando responder algo valioso ele não responde nada de valor: depois, verificando facilmente a vaidade de opiniões tão errantes, eles as aproximam em sua crítica, confrontando umas com outras, e por meio deste confronto demonstram que a propósito do mesmo objeto, sob os mesmos pontos de vista, e nas mesmas relações, elas são mutuamente contrditórias. Ao percebê-lo, os interlocutores experimentam um descontentamento para consigo mesmos e disposições mais conciliatórias para com outrem.

Analisando essas palavras, é fácil compreender o grande número de inimigos que Sócrates tinha e que lhe acabaram por render a pena capital. Aos olhos dos arrogantes e soberbos, o que Sócrates fazia era confundir os pensamentos e semear a discórdia. A soberba lhes impedia de reconhecer que detinham o falso conhecimento e que deveriam buscar o caminho da verdade.

Na **maiêutica**, segunda parte de seu método, Sócrates passava a construir o verdadeiro conhecimento. Ele afirmava ser ignorante e não ter nenhum saber para ensinar. Desse modo, o que fazia era ajudar a alcançar a verdade que já se encontrava na mente de cada um, como uma parteira que ajuda uma mulher grávida a darem à luz. Assim, a maiêutica consistia em ajudar as pessoas a darem à luz suas próprias ideias.

Em um diálogo com Teeteto, Sócrates descreve, com riqueza de detalhes, seu método, comparando-o com a arte de uma parteira (Platão, 2011d, p. 47):

> Sócrates – A minha arte obstétrica tem atribuições iguais às das parteiras, com a diferença de eu não partejar mulher, porém homens, e de acompanhar as almas, não os corpos, em seu trabalho de parto. Porém a grande superioridade da minha arte consiste na faculdade de conhecer de pronto se o que a alma dos jovens está na iminência de conceber é alguma quimera e falsidade ou fruto legítimo e verdadeiro. Neste particular, sou igualzinho às parteiras: estéril em matéria de sabedoria.

Como uma parteira que ajuda crianças saudáveis a nascer, Sócrates ajudava a vir à luz ideias verdadeiras. Seu método dialógico, mais do que um modo de ensinar filosofia, era uma forma de viver assumida por ele como uma missão. Sócrates soube como ninguém vivenciar o método em sua prática cotidiana e, por vezes, perturbadora da ordem social – o que acabou por lhe render, em Atenas, a condenação à pena máxima, que consistia na ingestão de cicuta.

2.2.1.2 Platão

Platão nasceu em Atenas, com o nome de Aristócles (possivelmente uma homenagem ao seu avô, que tinha o mesmo nome), no ano de 427 a.C., tempo de glórias atenienses. O nome Platão era apenas um apelido que acabou entrando para a história como o nome do filósofo que imortalizou Sócrates em seus escritos. Segundo Laércio (1988, p. 71):

> Aristo, lutador proveniente de Argos, foi seu mestre de ginástica, do qual recebeu o nome de Platão, pelo seu vigor físico; antes chamava-se Aristócles, nome do seu avô, como diz Alexandre, na Sucessão dos filósofos. Outros sustentam que ele tomou o nome de Platão pela amplidão de seu estilo; ou porque era larga a sua fronte, como diz Neanto.

A genealogia de Platão remonta aos primeiros fundadores da cidade de Atenas, passando pelo rei Crodo e pelo legislador Sólon. Por causa de seu histórico familiar, de sua posição social e de suas convicções pessoais, sua carreira na política era mais do que esperada. Todo esse histórico de vida influenciou seu pensamento e seu modo de se relacionar com a vida pública, principalmente na cidade de Atenas.

Iniciou seus estudos primeiro com Crátilo, um discípulo de Heráclito, e depois com Sócrates, sendo seu discípulo até a morte (Laércio, 1988): "Conta-se que Sócrates sonhou ter sobre seus joelhos um pequeno cisne que, de repente, criou asas e voou cantando suavemente e que, tendo Platão, no dia seguinte, apresentando-se a ele como discípulo, disse ser justamente ele o pequeno cisne".

Após a morte do mestre, por envenenamento de cicuta em 399 a.C., desgostoso com a cidade que se esforçara tanto para defender, Platão afastou-se da vida pública e viajou até Megara, para se hospedar na casa de Euclides. Passou os próximos anos viajando e conhecendo filósofos influentes. Em seu retorno a Atenas, fundou sua escola, chamando-a de *Academia*, uma homenagem a seu amigo e herói Academo. Sua escola foi um sucesso desde o início, atraindo muitos nomes eminentes, inclusive Aristóteles.

Platão permaneceu na direção da Academia até o ano de sua morte (347 a.C.). Deixou uma vasta obra, com 36 escritos que chegaram integralmente aos dias atuais, divididos em nove tetralogias, as quais foram organizadas pelo gramático Trásilo.

Sua obra é tão vasta e rica que seria impossível abordá-la em poucas páginas. Por esse motivo, a seguir, trataremos apenas de uma pequena parte dela: a **segunda navegação** – que consiste em uma das passagens mais significativas da história da filosofia.

A parte central do pensamento platônico acerca da segunda navegação encontra-se em *Fédon* (2011a) e constitui-se em uma verdadeira viagem espiritual por uma realidade suprassensível e transcendente. Por esse motivo, essa obra é descrita por vários autores[5] como sendo a precursora da metafísica ocidental.

Quem bem definiu o significado da expressão *segunda navegação* foi Eustáquio, quando afirmou que é aquela feita com remos, quando o barco fica sem vento para mover suas velas. Segundo a interpretação de Reale (1994b, p. 52-53),

> A primeira navegação, feita com velas ao vento, corresponderia àquela levada a cabo seguindo os naturalistas e o seu método; a 'segunda navegação', feita com remos e sendo muito mais cansativa e exigente, corresponde

---

5 Por exemplo, W. Goodrich em seu texto "The Great Greek Philosophers: Socrates, Plato, and Aristotle" e G. Reale em sua obra *História da filosofia antiga* (v. I a IV)..

ao novo tipo de método, que leva à conquista da esfera do suprassensível. As velas ao vento dos físicos eram os sentidos e as sensações, os remos da 'segundo navegação' são os raciocínios e os postulados: justamente sobre eles se funda o novo método.

Se os pré-socráticos empreenderam a **primeira navegação** – na qual, por meio de suas sensações, procuraram um sentido para a natureza –, Platão, com sua segunda navegação, foi mais além, navegando por mares nunca antes navegados. Desse modo, acabou por descobrir um novo tipo de causa, as **inteligíveis**. Essa descoberta foi responsável por alçar a filosofia a um novo estágio, o da **metafísica** (Platão, 2011a 1970, p. 138-139):

> Isso importaria, nada mais nada menos, em não distinguir duas coisas bem distintas, e em não ver que uma coisa é a verdadeira causa e outra aquilo sem o que a causa nunca seria causa. Todavia, é a isso que aqueles que erram nas trevas, segundo me parece, dão o nome de causa, usando impropriamente o termo. O resultado é que um deles, tendo envolvido a terra num turbilhão, pretende que seja o céu o que a mantém em equilíbrio, ao passo que para outro ela não passa duma espécie de gamela, à qual o ar serve de base e de suporte. Mas quanto à força, que a dispôs para que essa fosse a melhor posição, essa força, ninguém a procura; e nem pensam que ela deva ser uma potência divina. Acreditam, ao contrário, haver descoberto um Atlas mais forte, mais imortal e mais garantidor da existência do universo do que esse espírito; recusam-se a aceitar que efetivamente o bom e o conveniente formem e conservem todas as coisas. Ardentemente desejaria eu encontrar alguém que me ensinasse o que é tal causa! Não me foi possível, porém, adquirir esse conhecimento então, pois nem eu mesmo o encontrei, nem o recebi de pessoa alguma. Mas quererias, estimado Cebes, que descrevesse a segunda excursão que realizei em busca dessa causalidade? — É impossível que alguém o deseje mais do que eu – respondeu Cebes.

Dessa forma, Platão atribui à metafísica uma nítida superioridade em relação à física. O sensível passa a ser apenas um dado para que a razão o interprete e, a partir dele, chegue à "causa verdadeira". Assim, os atributos físicos não são suficientes para explicar o que é uma coisa, pois, antes, ela deve ser remetida ao seu correspondente metafísico. Desse modo, não se pode afirmar a grandeza ou a pequenez das coisas por meio de suas propriedades físicas, mas somente em função da grandeza em si e da pequenez em si.

Ao admitir a realidade inteligível e ao considerá-la como a causa verdadeira e legítima, Platão acentua a **separação entre o sensível e o inteligível**, dando a entender que a realidade sensível não é a origem das causas verdadeiras; ou seja, ela é fonte de erro e engano por parte daqueles que a tomam como verdadeira.

> E não é claro que tu, desejando uma doutrina do ser verdadeiro, te absterias de tagarelices e mais discussões a propósito do princípio e das suas consequências, assim como fazem os que polemizam profissionalmente? Nada daquilo, com efeito, figura nas pesquisas e preocupações de tais homens: dão-se por superiormente satisfeitos com a sabedoria que possuem, embora confundam tudo. (Platão, 1970, p. 140)

Platão descreve que o postulado verdadeiro é aquele que não necessita de nenhum outro, que é autossuficiente, pois se basta. Em uma passagem posterior, o filósofo afirma o postulado das ideias, o qual, uma vez alcançado, não requer a busca de nada mais alto:

> — Nem só isso, caro Símias – exclamou Sócrates. – A justeza de tuas palavras se estende também às premissas: por mais certas que vos pareçam ser, não deixam por isso de exigir um exame mais profundo. Sim, com a condição de que as examineis com toda a precisão requerida, a marcha

do raciocínio será seguida por vós, se não me engano, com a maior proficiência de que o homem é capaz! E suponhamos, enfim, que isso se tenha revelado a vós como certo e evidente – então, não precisareis procurar mais nada! (Platão, 2011a 1970, p. 151)

Com essas passagens, Platão deixou seu plano nas entrelinhas. Por razões desconhecidas, ele preferiu manter no âmbito da oralidade aquilo que proferiu de maior valor, não deixando seu legado em escritos.

A segunda navegação que empreendeu foi a porta de entrada para uma nova discussão, que o conduziu aos "primeiros princípios", à "teoria das ideias" e à criação de uma espécie de semideus, o "Demiurgo", que, sem sombra de dúvidas, representou não somente o ponto fulcral de sua teoria, mas o surgimento de uma nova dimensão filosófica: a metafísica.

2.2.1.3 Aristóteles

Sobre sua vida, as principais informações advêm de Apolodoro, citado por Diógenes Laércio (1988). Aristóteles nasceu no primeiro ano da Olimpíada 99 (384 a.C./383 a.C.) em Estagira, uma pequena cidade de colonização jônia no interior da Macedônia. Seu pai, Nicômacos, serviu como médico na corte do rei Amintas da Macedônia, do que se pode concluir que ele tenha vivido em Pela, local onde ficava a corte de Amintas.

Com 18 anos, viajou até Atenas e ingressou imediatamente na Academia de Platão, onde se aperfeiçoou espiritual e filosoficamente. Permaneceu na Academia durante 20 anos, todo o tempo em que

Platão viveu. Com a morte de seu mestre, deixou Atenas e dirigiu-se para a Ásia Menor.

Por volta do ano 343 a.c., Felipe, o rei da Macedônia, convidou-o para a corte, pedindo-lhe que ensinasse seu filho, Alexandre. Em 335 a.c., retornou a Atenas e alugou um edifício, próximo a um templo de Apolo Lício, do qual retirou o nome de sua escola, o Liceu.

Com a morte de Alexandre, ocorrida em 323 a.c., Atenas foi acometida por um forte sentimento antimacedônico. Assim, Aristóteles foi formalmente acusado de impiedade, o que o forçou a retirar-se para a Calcídia, em terras de sua família, deixando com Teofrasto a direção de sua escola. Morreu no exílio pouco mais tarde, em 322 a.c.

Os escritos de Aristóteles estão divididos em dois grandes grupos: os exotéricos e os esotéricos. Os **exotéricos** são destinados ao grande público, ao passo que os **esotéricos** eram resultantes de seu trabalho docente e destinados à sua escola e aos seus discípulos.

Diferentemente de Platão, Aristóteles enfatizava a existência de apenas um mundo, que é este no qual vivemos. Toda a sua filosofia tem como base a realidade que é apreendida por um dos sentidos. Assim, o que não pode ser captado pelos sentidos não é digno de preocupação do filósofo. Por isso, o deslumbramento com a realidade é a base para o filosofar.

Uma das partes centrais de seu pensamento é a sua filosofia moral, mais precisamente seu texto intitulado *Ética a Nicômaco*, em que, após uma discussão sobre a existência ou não de uma única forma de bem, Aristóteles passa, no início do sétimo capítulo do primeiro livro, a analisar o bem como algo final e autossuficiente, buscando definir o bem supremo para o homem.

Mesmo que nas diversas atividades o bem tenha significados diferentes, em cada ciência, arte e ação é preciso buscar o bem que lhe é próprio de acordo com sua finalidade. Assim, afirma Aristóteles (1984, p. 54) "Voltemos novamente ao bem que estamos procurando e indaguemos o que é ele, pois não se afigura igual nas distintas ações e artes; é diferente na medicina, na estratégia, e em todas às demais artes do mesmo modo.". Desse modo, o bem real, concreto, caracteriza-se pela disposição ou atividade imanente da função específica do indivíduo como sujeito do agir moral.

Aristóteles define o bem pelo fim, mesmo que este não esgote o seu significado. Sendo um conceito formal, o bem define a finalidade essencial, e não somente as determinações valorativas morais. Segundo Aristóteles (1984, p. 49), "Admite-se geralmente que toda arte e toda investigação, assim como toda ação e toda escolha, têm em mira um bem qualquer; e por isso foi dito, com muito acerto, que o bem é aquilo a que todas as coisas tendem".

Em resumo, o bem deve ser escolhido por ser um fim em si mesmo. Jamais deve ser escolhido como meio para outro fim – como o dinheiro, que não pode ser considerado um fim em si mesmo, pois visa a outro bem. No caso do dinheiro, o sujeito delibera sobre os meios, e não sobre os fins. Cada ação, deliberada e escolhida, deve visar a um e ao mesmo fim último e, como finalidade última, deve almejar não só o bem mas o melhor dos bens (Aristóteles).

Assim, o fim de qualquer ação ou atividade humana é o bem e a realização de forma perfeita de sua causa final, a qual tem seu conteúdo determinado por considerações de ordem metafísica e cosmológica. A tendência natural do ser humano de se mover em direção à sua plenitude é expressa por meio da doutrina da causalidade nos seres naturais.

No caso específico do indivíduo, primeiramente deve-se definir o significado de bem, que deve ser compreendido como causa final, como fim de uma ação; é definido por uma deliberação livre e racional na realização dos meios e pela perfeição da própria função específica da essência. A tendência natural do indivíduo de buscar o fim de forma consciente e voluntária é um bem próprio, mediante ações orientadas a um fim. Isso ocorre porque a natureza do homem é política – é na *pólis* que o homem se educa e adquire o hábito das virtudes.

O passo seguinte consiste em determinar o bem para cada homem. Parece ser a felicidade, mais que qualquer outro bem, o fim supremo ao qual todo homem tende naturalmente, uma vez que a escolhemos sempre por si mesma, e jamais por causa de algo mais (Aristóteles). Esse fim último e almejado é a causa de todo querer deliberativo. Dessa forma, delibera-se sobre coisas que estão sobre o alcance e que podem ser realizadas. O desejo tende naturalmente para o bem, que é almejado por si só de forma absoluta.

A ética aristotélica é estruturada não para sujeitos individuais, mas para o **indivíduo universal**, tendo em vista sua condição de animal social e o fato de a convivência com os demais possibilitar o exercício das atividades virtuosas orientadas para a consecução dessas duas finalidades específicas – ser um animal social e conviver com os demais (Aristóteles, 1984). Entre os muitos bens, resultantes da multiplicidade de atividades, Aristóteles identifica aquele que é final, que é querido por si próprio, sem a dependência do que lhe é externo. Um bem que possa ser definido como "autossuficiente" porque, "por ora definimos a autossuficiência como sendo aquilo que, em si mesmo, torna a vida desejável e carente de nada. E como tal entendemos a felicidade, considerando-a, além disso, a mais desejável de todas as coisas, sem contá-la como um bem entre outros" (Aristóteles, 1984, p. 55).

A condição necessária para que se possa agir com um sentido em si mesmo só se realiza na práxis humana por meio da prudência. Consequentemente, esse agir se encontra fora do universo do fazer, em que o fim da ação é a produção de algo, a obra, que, por sua vez, é exterior ao próprio homem.

Assim, pode-se dizer que o fim último do homem, das ações humanas, é justamente realizar concreta e efetivamente a tendência imanente do ser por meio da força determinativa da razão. A causa final da ação humana não pode ser procurada fora do homem, tampouco nas faculdades da alma, sejam elas inatas, sejam adquiridas. É por meio do exercício ativo das faculdades da alma que a causa final da ação humana é obtida.

A existência humana, para Aristóteles, parece ter sentido somente se ela visa a um fim determinado. Todo homem deve dirigir-se, independentemente de seu credo ou classe social, para um bem supremo por meio de suas ações e escolhas, buscando sempre uma atualização como agente moral e racional. O fim último da vida humana, o bem natural para o qual todos os seres humanos devem se dirigir, é a felicidade.

Definir o bem supremo como sendo a felicidade mostra a intencionalidade da ética aristotélica: a prática da vida humana. A busca por um fim último para as ações conduz os homens a uma superação de si mesmos na tentativa de buscar algo maior.

Sistemas da Era Helenística

Com o declínio das escolas de Platão e Aristóteles, a filosofia grega entrou em um novo período, chamado de *Era Helenística*, marcado principalmente pela perda do sentido metafísico e por um retorno ao atomismo e às categorias eleáticas.

Nessa nova fase, as correntes que se destacaram foram o **epicurismo**, o **estoicismo** e o **ceticismo**. Ao longo de muito tempo, essas escolas e pensamentos foram muito mal interpretados – e é possível dizer que ainda hoje o são. Certo é que, após a morte de Aristóteles, a filosofia grega nunca mais foi a mesma. Mesmo passando por Epicuro, atravessando o estoicismo, o ceticismo e chegando até o romano Cícero, a filosofia grega nunca mais voltou a ter o esplendor e a riqueza dos áureos tempos.

2.3 Leitura e produção de textos sobre a Antiguidade Clássica

Aqueles que pretendem se especializar na Antiguidade Clássica, inevitavelmente encontrarão empecilhos linguísticos. Por isso, é imprescindível estudar o grego clássico, para não ficar na dependência de traduções e sujeito, dessa forma, a erros de interpretação e análise.

A partir dos estudos clássicos, a primeira coisa que se nota é que a vivência própria de cada pensador influenciou profundamente seu pensamento e corrente filosófica. É por esse motivo que, antes de estudar o pensamento de determinado filósofo, é fundamental compreender a cultura de sua época, uma vez que seu pensamento é fruto de sua vivência prática na sociedade. Sócrates é um bom exemplo: apesar de não ter deixado nenhum escrito, foi coerente, em sua pregação, com sua forma de vida.

Por isso, o pesquisador que pretende ler e produzir textos relacionados com a filosofia antiga deve buscar compreender a cultura e a sociedade da época, tendo em vista que todo pensador é fruto de seu tempo.

Síntese

Neste capítulo, nosso objetivo principal foi apresentar um panorama do período clássico da filosofia, auxiliando no surgimento de novas pesquisas. No início, tratamos do surgimento dos primeiros filósofos e, após percorrer um longo caminho pela filosofia grega, apresentamos brevemente as escolas que sucederam as de Platão e Aristóteles, com o declínio da filosofia clássica.

Indicações culturais

Filmes

SÓCRATES. Direção: Roberto Rossellini. Espanha; Itália; França: New Yorker Films, 1971. 120 min.

O filme aborda os últimos dias de Sócrates, seu julgamento e condenação. Apesar de ser uma obra antiga, ainda é o mais sensível à causa de Sócrates e ao seu método de fazer filosofia.

FILOSOFIA para o dia a dia: Sócrates e a autoconfiança. Direção: Celia Lowenstein. Inglaterra: Channel Four, 2000. 72 min.

É um excelente filme para aqueles que querem explorar a autoconfiança, um tema muito comum nos textos de Sócrates. Com base na orientação de Alain de Botton, o telespectador pode compreender os ensinamentos de Sócrates.

ALEXANDRIA. Direção: Alejandro Amenábar. Espanha: Mod Producciones, 2011. 127 min.

O filme apresenta a vida da filósofa Hipátia, que ensinava matemática, astronomia e a própria filosofia entre os anos 355 e 415 d.C., em Alexandria, cidade do Egito.

Atividades de autoavaliação

1. Pode-se afirmar, em relação à cultura ocidental, que o pensamento racional surgiu primeiramente em:
   a) Jônia.
   b) Atenas.
   c) Esparta.
   d) Éfeso.

2. Sócrates nada escreveu. Tudo o que sabemos sobre ele e seu pensamento se deve aos seguintes pensadores:
   a) Platão, Xenofonte e Heráclito.
   b) Parmênides, Platão e Xenofonte.
   c) Aristófanes, Heráclito e Parmênides.
   d) Xenofonte, Aristófanes e Platão.

3. De acordo com Heráclito de Éfeso, tudo é movimento e, por isso, vivemos a insegurança, a inconstância. Já Parmênides apresentou um pensamento diferente. Segundo o filósofo:

a) o ser encontra-se em constante movimento.

b) o ser é estático, pois o movimento é ilusório.

c) o movimento é tópico e não atinge o ser.

d) o ser é contrário ao movimento, apesar de ser ele o próprio movimento.

4. Aristóteles, discípulo de Platão, afirmou que a felicidade é o bem último dos homens. Essa afirmação reflete a intencionalidade da ética aristotélica, a qual se refere diretamente:

a) à teoria da felicidade.

b) à vida e ao seu sentido.

c) ao espírito cooperativo das pessoas.

d) à prática da vida humana.

5. A filosofia, depois de Aristóteles, entrou na Grécia Antiga em um período conturbado, que possibilitou:

a) a perda do sentido metafísico e um retorno às teorias do atomismo.

b) a dominação da filosofia romana.

c) o surgimento de uma nova metafísica.

d) o desaparecimento da filosofia praticada na época e o surgimento de práticas exotéricas.

Atividades de aprendizagem

Questões para reflexão

1. Leia a citação a seguir e discorra a respeito do que exatamente Platão (1970, p. 138) se referia ao proferi-la: "Dar o nome de causas a tais coisas seria ridículo. Que se diga que sem ossos, sem músculos e outras coisas eu não poderia fazer o que me parece, isso é certo. Mas dizer que é por causa disso que realizo as minhas ações e não pela escolha que faço do melhor e com inteligência – essa é uma afirmação absurda. Isso importaria, nada mais nada menos, em não distinguir duas coisas bem".

2. Segundo Aristóteles, a finalidade das ações humanas é a felicidade, ou seja, todas as ações tendem para esse fim. Ele define o bem quando afirma que "Admite-se geralmente que toda arte e toda investigação, assim como toda ação e toda escolha, têm em mira um bem qualquer; e por isso foi dito, com muito acerto, que o bem é aquilo a que todas as coisas tendem" (Aristóteles, 1984, p. 49). Procure explicar como, nos dias atuais, as pessoas podem conseguir atingir o bem supremo descrito por Aristóteles.

Atividade aplicada: prática

Com base no discurso de Sócrates sobre o método dialógico, selecione trechos de entrevistas que exemplifiquem o pensamento socrático e estabeleça um paralelo com a realidade atual.

III

Filosofia medieval:
discussões sobre fé e razão

Neste capítulo, trataremos da Idade Média e discutiremos o papel central que a Igreja Católica exerceu nessa época, impondo seus valores às sociedades que estavam sob sua alçada. Também abordaremos, além das disputas sobre a jurisdição dos poderes temporal e divino, a discussão entre fé e razão, questão central desse período histórico, com maior destaque para os pensadores Santo Agostinho e Tomás de Aquino. Nosso objetivo é que os temas tratados aqui contribuam para a compreensão do pensamento medieval, estimulando a leitura, a pesquisa e a escrita em filosofia.

3.1 Contexto histórico

A Idade Média compreende o período entre os anos 476 e 1453. Tal delimitação temporal serve apenas como uma ferramenta didática para facilitar o estudo e o entendimento dos fatos e o pensamento da época. Portanto, isso não quer dizer que, com o fim da Idade Antiga, a respeito da qual se falou no capítulo anterior, e o início da Idade Média, as sociedades passaram a viver de modo totalmente diferente.

A compreensão das dimensões temporal e histórica possibilita a contextualização de cada época – nesse caso, da Idade Média[1] –, para que seja possível perceber suas particularidades. O pensamento filosófico medieval muda de foco se comparado ao pensamento antigo. Na Antiguidade, a partir do surgimento da filosofia, promoveu-se a busca pelo pensamento racional. Já na Idade Média, o pensamento voltou-se para a **teologia**. Segundo Morente (1980, p. 28), "pode-se dizer, assim, que o saber humano durante a Idade Média dividiu-se em dois grandes setores: teologia e filosofia. A teologia são os conhecimentos acerca de Deus, e a filosofia os conhecimentos humanos acerca das coisas da Natureza e até mesmo de Deus por via racional".

A divisão enunciada por Morente (1980) é o ponto de partida para o entendimento do pensamento da Idade Média e para a compreensão da leitura e escrita da filosofia desse período. De modo geral, a vida da sociedade medieval estava alicerçada na religião cristã (católica), sendo que a consciência dos indivíduos voltava-se para a ideia de Deus. Em outras palavras, a vida dos homens se dava em função da religião.

---

1 É importante lembrar que as características da Idade Média não se aplicam ao contexto brasileiro. Por mais que o Brasil existisse territorialmente, os registros históricos ocidentais referem-se ao Brasil somente a partir do ano de 1500, com a chegada dos portugueses ao país.

Se a vida das pessoas estava voltada para a religião, não era diferente em relação à forma de pensamento dominante. A ação das pessoas era delineada pelos pressupostos religiosos, e não pelos racionais. Por isso, a cultura religiosa se instituiu fortemente, tanto espiritual quanto politicamente. Tal condição fez com que a Igreja Católica se tornasse a principal instituição da Idade Média, encontrando-se, inclusive, acima do Estado. Sua supremacia perante outras instituições não somente a tornou hegemônica, como propiciou a criação de mecanismos para que se fortalecesse e se mantivesse no poder.

Entre os meios desenvolvidos pela Igreja Católica para manter sua hegemonia, destacou-se a Inquisição[2], que foi o principal instrumento utilizado para forçar a população dos países católicos a seguir rigidamente a doutrina cristã, a qual se legitimava por meio da fé. Nesses termos, a verdade não se construía com base em uma busca racional, como visto na filosofia antiga, mas mediante as crenças. Esse modo de percepção da realidade fez com que as pessoas desenvolvessem a crença de que as coisas, de modo geral, eram resultantes da ação divina.

A figura divina era o centro de todas as coisas, assim como a noção de que só existia um único Deus – a qual superou a ideia, fortemente difundida na Grécia e na Roma Antiga, de que existiam vários deuses. A concepção de um Deus único colocou em destaque as coisas divinas, relegando a segundo plano tudo o que dizia respeito ao mundo terreno. Além disso, grande parte da população medieval

---

2 Instituído pelo Papa Gregório IX, o Tribunal do Santo Ofício tinha a função de interrogar as pessoas que eram acusadas de cometer erros contra a fé católica (os chamados *hereges*). Além de submetidos a interrogatórios, os hereges eram torturados e, quando condenados à morte, executados na fogueira. Para saber mais sobre a Inquisição, sugerimos a leitura de Bethencourt (2000).

era pouco esclarecida (analfabeta), uma vez que o conhecimento das letras era restrito aos membros eclesiásticos. Nem mesmos os nobres eram letrados, pois, de acordo com a cultura da época, a formação intelectual não era relevante.

Na Idade Média, o **feudalismo** era a base da organização da economia, a qual se pautava pela servidão. Nesse regime, o senhor feudal era o detentor das terras e do castelo, e os servos prestavam serviços a ele por meio do pacto de servidão. O castelo era o centro do poder temporal local. Cada senhor feudal tinha a sua área de influência e uma quantidade de servos sob seus mandos. A economia era relativamente fraca, pois não havia tecnologia, e a riqueza provinha da terra. Como as plantações não eram muito produtivas, devido às condições climáticas e às técnicas utilizadas, o resultado da vida social e econômica também era precário.

> O feudalismo era um sistema fundamentalmente agrário, pois baseava--se na exploração da propriedade rural, chamada domínio ou senhorio. O dono da terra, o senhor feudal, exercia poder absoluto em seus domínios: ele aplicava as leis, concedia privilégios, administrava a justiça, declarava a guerra, fazia a paz. Daí a importância que o regime de propriedade da terra tinha nesse sistema. (Arruda; Piletti, 2000, p. 108)

Em outras palavras, o poder era local, sendo o senhor feudal aquele que tomava todas as decisões que envolviam a vida da área sob sua jurisdição. Ele tinha o poder militar e político e podia agir conforme um juiz. É claro que o senhor feudal não atuava de forma isolada; ele exercia uma vida política que estava ligada a autoridades eclesiásticas e civis.

Figura 3.1 – Castelo medieval

Como ficou evidente, a sociedade medieval estava voltada para Deus, e a base dos meios de produção, concentrada nas mãos de poucos indivíduos. Dessa forma, a maioria da população estava alheia à vida terrena e vivia de forma precária, o que se refletia no nível de consciência das pessoas. Índices grandes de analfabetismo retiravam das discussões a maior parte da população. Assim, o estudo sobre as questões da época estava restrito a uma pequena parcela da população, formada pelo corpo eclesiástico, o qual tratava dos assuntos teológicos e filosóficos.

3.2 Patrística e escolástica

A filosofia medieval se divide em duas dimensões: a patrística e a escolástica. A **patrística** diz respeito ao período que vai de meados do século IV ao século VIII, no qual os pensadores buscavam uma aproximação entre fé e razão. O esforço intelectual empreendido pela patrística tinha como objetivo solidificar o teocentrismo, que se iniciou com a Idade Média, reforçando o papel da religião cristã na sociedade. O principal representante dessa linha de pensamento foi Santo Agostinho, o qual teve contato com o pensamento de Cícero, com o maniqueísmo, ceticismo e, por fim, com o platonismo.

Já a **escolástica** estende-se do século IX ao século XVI, período no qual os pensadores procuraram sistematizar a filosofia, resgatando o pensamento de Aristóteles[3] e aproximando-o das ideias vigentes. O principal expoente da escolástica[4] foi Tomás de Aquino, que, por meio de suas ideias, procurou conciliar fé e razão.

Foi durante a escolástica que surgiram as universidades de Paris, Colônia, Oxford, Bolonha e Pádua, as quais tiveram um papel relevante nas discussões da época, a respeito, por exemplo, do embate entre fé e razão e do poder divino e temporal – questões que, aprofundadas na escolástica, tiveram início na patrística, com Santo Agostinho.

---

3   O pensamento de Aristóteles foi resgatado pelos filósofos árabes Avicena e Averróis.
4   Também podem-se destacar outros pensadores, como Erígena, Anselmo de Cantuária, Guilherme de Champeaux, Roscelino, Abelardo, Alberto Magno, São Boaventura, Roberto Grosseteste, Roger Bacon, Duns Escoto, Guilherme de Ockham e Mestre Eckhart.

3.2.1 Fé e razão

O debate em torno da fé e da razão ocupou um espaço importante na Idade Média, tendo em vista que o modelo de ideias da época priorizava a noção de Deus, enaltecendo as questões relacionadas à fé se comparadas às coisas vinculadas ao homem. Dessa maneira, "a máxima predominante é 'crer para compreender, e compreender para crer'. A especulação filosófica, embora distinta da fé, é instrumento dela, é 'serva da teologia'" (Aranha; Martins, 2003, p. 171). A fé, a crença, era a condição para se localizar na realidade, o que não exigia um processo investigativo, mas a aceitação da manifestação divina nos fatos e situações.

O **papel da filosofia era instrumentalizar a teologia**, no sentido de auxiliar os teólogos a fortalecer a cultura religiosa da época e proporcionar as respostas às necessidades apresentadas no cotidiano da sociedade, de forma a manter o domínio da situação por parte da Igreja Católica. A compreensão da noção de cultura medieval é imprescindível para entendermos como a sociedade funcionava, uma vez que vai além da posição de poder ocupada pela Igreja. A cultura medieval era voltada para a religião, o que direcionava a "razão" das pessoas para o fortalecimento da fé, condição que perdurou por praticamente 1.000 anos. "Todos os problemas que dizem respeito à organização da cidade, ao homem e ao seu destino – o problema ético-político e o problema da história – vão buscar os termos da sua formulação e da sua solução nessa matriz teológica" (Lima Vaz, 1998, p. 81).

Todos os problemas e as respectivas soluções tinham o mesmo ponto de partida e chegada: diziam respeito à religião católica e seus fundamentos teológicos. Embora toda a base da teologia tivesse como referencial a figura de Deus, não se pode dizer que, ao longo da Idade Média, tratou-se de uma teologia única, que expressava as mesmas características. Como em outros períodos históricos, ocorreram tendências diferentes de pensamento. Ainda que a Idade Média tivesse um referencial mais delimitado que outros períodos, não havia uma unidade teológica/filosófica.

Essa amplitude de pensamento acirrou a discussão entre fé e razão, uma vez que, nesse embate, houve a inserção de elementos próprios da filosofia antiga, mais especificamente de Platão (neoplatonismo) e Aristóteles. Assim, os elementos da filosofia tendiam à razão e os teológicos, embora sistematizados ao longo do período, tendiam à fé.

Do ponto de vista teórico, os paradigmas teológicos tinham como base o pensamento de Santo Agostinho (354-430), posteriormente retomado por Pedro Abelardo, Egídio Romano e Boaventura – pensadores que tiveram um papel fundamental na construção das ideias que reforçavam a defesa dos pressupostos teológicos da época, no sentido de manter os elementos da fé sobrepostos aos da razão.

Mesmo defendendo e crendo na verdade revelada, o reconhecimento da razão se fez presente, o que pode ser verificado em Santo Agostinho, citado por Pessanha (1999, p. 13): "a fé é precedida por certo trabalho da razão. Ainda que as verdades da fé não sejam demonstráveis, isto é, passíveis de prova, é possível demonstrar o acerto de se crer nelas, e essa tarefa cabe à razão". Assim, a razão se traduz em um instrumento para melhor compreender a fé e os preceitos divinos. Embora houvesse o direcionamento para o fortalecimento da verdade revelada, é possível vislumbrar no pensamento de Santo Agostinho uma busca pela razão, uma vez que ele se utiliza dela para melhor compreender a verdade divina.

A verdade divina é a manifestação da revelação de que Deus está no homem e o homem está em Deus, o que fica muito claro quando Santo Agostinho realiza tal afirmação: "Por conseguinte, não existiria, meu Deus, de modo nenhum existiria, se não estivésseis em mim. Ou antes, existiria eu se não estivesse em Vós, 'de quem, por quem e em quem todas as coisas subsistem'? Assim é, Senhor, assim é" (Agostinho, 1999, p. 38).

Portanto, o esforço da razão é para afirmar a presença de Deus na vida do homem, ideia que Agostinho manifesta seguidamente em *As confissões* e em *A cidade de Deus* – obras relevantes para a compreensão da maneira como ele se relacionava com a razão e o pensamento da época.

O pensamento de Tomás de Aquino (1224-1274) coloca-se em relação a uma perspectiva racional e conciliadora. Ele resgatou o pensamento de Aristóteles, aproximando-o da teologia. "A originalidade de Santo Tomás de Aquino consistiu em descobrir que **o ponto de vista de Deus e o ponto de vista do homem** podem realmente conjugar-se para dar origem a uma visão de mundo coerente e harmoniosa" (Lima Vaz, 1998, p. 32, grifo do original). O novo está em reconhecer a condição terrena do homem e sua capacidade racional. Desse modo, o homem não se afasta de Deus, mas começam a surgir os prenúncios de sua condição racional.

A grande contribuição de Santo Tomás de Aquino foi aproximar a fé e a razão, aspectos que, na Idade Média, eram antagônicos. Tal aproximação possibilitou um avanço significativo tanto na teologia quanto na filosofia. "Uma dupla condição domina o desenvolvimento da filosofia tomista: a distinção entre a razão e a fé, e a necessidade de sua concordância" (Gilson, 2007, p. 655). Essa concordância, entretanto, não abalou a fé católica, mas tornou possível o entendimento mais profundo da ideia de Deus e da condição racional do homem.

A filosofia de Santo Tomás de Aquino alavancou, de forma intensa, elementos divergentes e convergentes da fé e da razão, pois colocou a filosofia a serviço da fé verdadeira, combatendo os elementos da autoridade e os entendendo racionalmente, conforme afirma Morente (1980, p. 130):

> a filosofia de Santo Tomás não é, na sua intenção, filosofia cristã. É filosofia verdadeira e, por isso, resulta cristã. Por que todo trabalho intelectual do Santo Doutor se funda, precisamente, na convicção de que o melhor serviço que a filosofia pode prestar à religião consiste em desenvolver-se como exclusiva e autêntica filosofia. A verdade pura do pensar puro não pode senão conduzir em linha reta à verdade santa da crença religiosa. Por isso no sistema de S. Tomás fraternizam de maneira quase miraculosa, a profundidade com a singeleza; e o acordo das verdades racionais com as verdades da fé se produz de modo tão natural e evidente que se diria o encaixe e união das duas metades do mesmo todo.

Uma das tarefas da filosofia é buscar a verdade. No caso da filosofia de Santo Tomás de Aquino, a busca da **verdade filosófica** corrobora a busca da **verdade teológica**. "Se é verdade que a verdade da fé cristã ultrapassa as capacidades da razão humana, nem por isso os princípios inatos naturalmente à razão podem estar em contradição com esta verdade sobrenatural" (Aquino, 1996, p. 143). A junção das duas verdades fortaleceu a retomada de um certo espírito investigativo, que se tornou realidade no Renascimento, conforme veremos ainda neste capítulo. O fato é que essa união proporcionou uma perspectiva diferente, aproximando a razão da teologia, embora as discussões sobre o poder temporal e divino ainda subsistissem.

3.2.2 Poder temporal e poder divino

Além da discussão sobre a relação entre fé e razão, o embate das esferas temporal e divina também foi mote para discussões a respeito do poder. Como visto, o referencial dos medievais era Deus – e em relação ao poder não era diferente. Em linhas gerais, entendia-se que o poder vinha de Deus, uma vez que Igreja e Estado, na maior parte das vezes, estavam próximos, sendo o poder divino superior ao terreno.

Em relação ao poder divino, a figura central era o papa; já o poder temporal era orquestrado pelos príncipes. Embora houvesse certa divisão na estrutura de poder, tanto uma esfera quanto a outra tinham a ambição de ampliar suas áreas de influência. Como a Igreja ideologicamente se fortaleceu a partir dos princípios éticos e morais cristãos, seu poder, na Idade Média, era maior que o do Estado.

Em relação à supremacia de um poder ante o outro, na defesa do poder papal estava a figura de Egídio Romano (1243?-1315), que, em seus escritos, defendeu a superioridade do pontífice sobre o poder civil: "o homem espiritual e santo julga tudo e ele mesmo não é julgado por ninguém em seu juízo" (Romano, 1989, p. 40). Ou seja, além de o pontífice ser superior diante das demais autoridades, tratava-se de uma instância que não poderia ser julgada por nenhuma outra. A autoridade papal se estendia às esferas eclesiástica e civil, de modo que o poder temporal se submetia ao divino. Assim, o espiritual estava acima do mundo material, tendo autoridade sobre ele. Portanto, o papa governava tanto o mundo espiritual quanto o civil.

Figura 3.2 – Igreja medieval

A tese de Romano foi contraposta por João Quidort (1270-1306). Enquanto o primeiro defendia a autoridade do pontífice sobre os poderes espiritual e civil, Quidort defendia a ideia de que o poder temporal estava sob os auspícios dos governantes seculares, e não do pontífice. Se houvesse alguma forma de influência do poder eclesiástico sobre o civil, seria somente com a conveniência ou permissão deste. "O imperador é a maior autoridade nas coisas temporais, e não existe ninguém superior a ele, do mesmo modo como o papa o é nas coisas espirituais" (Quidort, 1989, p. 67).

Conforme o pensamento de Quidort, os poderes deveriam, portanto, ser separados de acordo com suas esferas de influência. Essa concepção se opõe, em parte, à pratica da igreja da época, que consistia em governar nas esferas espiritual e temporal. A **defesa da supremacia do poder temporal** previa que um monarca decidisse os rumos da sociedade civil com base nas leis civis. Segundo Quidort (1989), o poder do monarca se legitimava e era necessário para comandar a sociedade e organizar a comunidade em função dos interesses coletivos. Dessa forma, a monarquia se traduzia no sistema ideal de governo.

Ainda na posição de contrapor a supremacia do poder espiritual ante o temporal, encontram-se as ideias de Dante (1265-1321), que defendia que o poder do imperador era uma forma de se obter equilíbrio diante do poder do pontífice. Além dessa constatação, em sua obra *A monarquia*, Dante defendeu que era tarefa das forças políticas promover a felicidade para o povo da cidade. Segundo Skinner (1996, p. 39), para que a cidade e o poder fossem organizados em função do interesse coletivo, era preciso depositar "total confiança na figura do imperador, como única força unificadora capaz de vencer as facções". O imperador seria o agente confiável para a superação da discórdia entre as forças que visavam ao poder e à instauração da paz. Tal panorama de discórdia estava presente, de forma intensa, na Itália, pelo fato de ser a sede da Igreja Católica, o centro do poder eclesiástico, e também porque o país não apresentava unidade política nessa época e havia conflitos constantes entre as cidades.

Marsílio de Pádua[5] (1285-1343), da mesma forma, defendeu a supremacia do poder temporal. Para o pensador, a intervenção do

---

5   Para aprofundar a temática abordada nesta seção, sugerimos a leitura de Pádua (1991).

poder divino na esfera temporal trouxe insegurança para a vida civil, contribuindo para o aumento das disputas entre as facções existentes na Itália, por exemplo. Marsílio construiu uma teoria política em que defendia a criação de uma sociedade civil regida e organizada pelo livre arbítrio do homem, com base na força da razão. Dessa forma, essa liberdade de escolha organizaria a sociedade por meio de leis isentas da interferência religiosa, conferindo ao papa a administração das questões voltadas à Igreja.

O intuito das ideias de Marsílio de Pádua era pensar a organização de uma sociedade por meio de leis criadas e estabelecidas pelo povo, o qual devia ser representado por um legislador, responsável por fazer cumprir a legislação. "Ao criar leis a partir da vontade do povo, ele acaba por conceder um lugar no interior do corpo político para a experiência religiosa, que não pode ser banida, mas que também não pode comandar a vida na cidade" (Bignotto, 2001, p. 47). Em outras palavras, as leis não visam extinguir o papel da religião, elas o garantem, desde que não interfira nos rumos da sociedade terrena. Assim, mais uma vez, o legislador seria responsável por manter a paz na comunidade, e o papa, por tratar de assuntos relacionados à alma e à igreja.

A contrariedade à supremacia papal também está presente nas concepções de Ockham (1290-1349), cujos questionamentos sobre a autoridade do pontífice reprovavam sua atuação nas questões temporais. Para Ockham (1988), a intromissão eclesiástica nas questões temporais se caracterizava como uma privação à liberdade humana, uma vez que os homens têm a liberdade e a capacidade de organizar a vida em sociedade utilizando-se da razão, de modo independente da interferência religiosa, pois "o poder de apropriar-se das coisas temporais foi dado por Deus ao gênero humano" (Ockham, 1988, p. 113). Com base nessa concepção, o homem é o autor dos seus próprios direcionamentos, o que possibilita uma ordem social terrena e organizada por ele, com leis adequadas às suas necessidades.

A posição de Ockham, segundo Störing (2009, p. 233), "rompeu o vínculo entre teologia e filosofia, entre fé e saber, estabelecido pela escolástica durante séculos". Tal ruptura marcou um novo tempo, uma nova perspectiva intelectual, posteriormente concretizada no Renascimento e na Idade Moderna. O homem passou a utilizar mais sua capacidade racional, levando em conta a força criativa ao realizar suas ações. O nominalismo[6] de Ockham estabeleceu distinções entre fé e razão, delimitando seus âmbitos de influência.

Assim, o fundamental do pensamento de Marsílio e Ockham é a **afirmação da força da razão e da liberdade humana**, condição que reforça a autonomia e a capacidade política dos homens de pensar a organização da comunidade sem a interferência da autoridade eclesiástica. Quanto à autoridade temporal, sua ação deve se dar em função do bem comum e do exercício da liberdade individual, incluindo o direito sobre as coisas temporais.

3.3 Leitura e produção de textos sobre a filosofia medieval

Como ler e escrever sobre a filosofia medieval? Como compreender textos relativos a essa temática? O ponto de partida para estudar e

---

6 "Admite-se que o universal ou conceito é um signo dotado da capacidade de ser predicado de várias coisas" (Abbagnano, 2000, p. 715). Para uma definição ampla desse conceito, indicamos a leitura dessa mesma obra.

compreender o pensamento de uma época é identificar o contexto em que ele foi estruturado. Cada época tem suas especificidades, responsáveis por estabelecer características próprias.

O pensamento filosófico da Idade Média se distingue daquele expresso nas demais épocas por se aproximar da teologia ou, ainda, por estar a serviço desta. Ao contrário de outros períodos históricos, em que há uma busca pela racionalidade, o pensamento medieval mergulhou na cultura religiosa.

Como não existe uma filosofia única ou uma única maneira para expressar o pensamento, a filosofia medieval, assim como o pensamento filosófico de outros períodos, foi resultante dos problemas cotidianos daquele tempo. A base teológica refletia a cultura religiosa presente no universo social e político da época. À medida que se estuda ou se escreve a respeito da filosofia medieval, compreende-se a abstração dos elementos e das concepções formulados pelos pensadores da época. Isso porque a reflexão filosófica acontece mediante a trama da realidade, não sendo uma abstração alheia ao tempo e ao espaço.

> O homem do século XX não nasce no mesmo mundo que o homem do século XII, e nascer no século XII cristão ou no século XII hindu era nascer em dois universos diferentes. Por mais livre que possa ser um pensamento filosófico e por mais profunda que deva ser a marca por ele deixada na superfície das coisas, ele sempre começa, pois, por um ato de submissão, ele se move livremente, mas dentro de um mundo dado. (Gilson, 2007, p. 942)

A ideia de Gilson (2007) demonstra, de forma apropriada, que **a investigação filosófica acontece com base nas características**

de uma determinada época. Portanto, o filósofo medieval não tinha condições de pensar da mesma forma que o moderno. O universo medieval era marcado pela verdade revelada, pelo dogma, isto é, por elementos baseados na fé – ao passo que, no período moderno, os filósofos recorreram à razão para responder aos problemas do cotidiano.

Embora os escritos de Santo Agostinho e, principalmente, de São Tomas de Aquino (e mesmo os de outros pensadores da época) se voltassem, em determinados momentos, à filosofia, retomando o neoplatonismo e Aristóteles, a motivação era, por meio da razão, compreender os elementos da fé. Portanto, o pensamento medieval se distingue do presente nos demais períodos históricos pelo fato de estar voltado à teologia, à verdade revelada, aos dogmas e à cultura religiosa de um modo geral.

Desse modo, para estudar a filosofia medieval, é necessário entender os pressupostos que constituíram o pensamento desse período, considerando o que caracterizou a Idade Média. É fundamental perceber a influência do pensamento medieval na atualidade. A cultura religiosa cristã, embora diferente daquela existente na Idade Média, está presente na atualidade, com seus ritos, dogmas, ideias e características próprias.

Síntese

Neste capítulo, tratamos da Idade Média, destacando aspectos da sociedade da época, com ênfase na cultura religiosa desenvolvida pela Igreja Católica. Ademais, a relação entre a filosofia e a teologia pôde ser melhor compreendida à luz da discussão entre fé e razão, por meio de grandes pensadores como Santo Agostinho e Santo Tomás de Aquino, os quais propuseram questionamentos sobre a supremacia do pontífice e sua atuação nas esferas divina e temporal. Após o estudo deste capítulo, você poderá identificar elementos relevantes em relação à filosofia medieval, em busca da autonomia da leitura e da produção de textos sobre o período.

Indicações culturais

Filme

GIORDANO Bruno. Direção: Giuliano Montaldo. Itália; França: Globo Vídeo, 1973. 115 min.

O filme retrata a vida do filósofo e cientista Giordano Bruno e sua luta contra a resistência da Igreja Católica em aceitar a verdade da ciência. É uma excelente obra que aborda o conflito entre os interesses religiosos e laicos e os mecanismos repressores criados pela Igreja para se manter no poder.

Livro

GILSON, É. **A filosofia na Idade Média**. Tradução de Eduardo Brandão. 2. ed. São Paulo: M. Fontes, 2007.

A obra de Gilson apresenta um estudo aprofundado que possibilita uma visão ampla da filosofia na Idade Média, abordando seus períodos e vários autores da época.

Atividades de autoavaliação

1. A Idade Média é o período compreendido entre os anos de 476 e 1453. Nesses quase 1.000 anos, a Igreja Católica foi a instituição preponderante na Europa, tornando o continente essencialmente

cristão. Analise as proposições a seguir e marque a alternativa que explicita corretamente o domínio da Igreja Católica no período medieval:

a) A Igreja Católica legitimou os deuses pagãos e os introduziu nos rituais cristãos.

b) O cristianismo se espalhou por toda a Europa, estabelecendo a justiça, a liberdade e contribuindo para a implantação de regimes democráticos em todos os países.

c) A Igreja Católica passou a regular os costumes e controlar a fé, o comportamento das pessoas e as invenções culturais. De modo geral, passou a gerenciar a ordem social.

d) A Igreja Católica estabeleceu a liberdade em relação à fé. Assim, as pessoas poderiam exercer suas crenças livremente, ao contrário do império romano anterior a Constantino, em que os cristãos eram perseguidos.

2. Analise as proposições a seguir e marque a alternativa que corresponde corretamente ao pensamento medieval:

a) O homem era visto como um sujeito autônomo, que pensa, constrói e organiza a vida social de forma racional.

b) A teologia era a principal ciência, sendo a filosofia submissa a ela.

c) A religião estava a serviço da ciência.

d) Os pressupostos da fé e da razão conviveram de forma harmoniosa durante toda a Idade Média.

3. "A filosofia tem a sua configuração e sua autonomia, mas não exaure tudo o que se pode dizer ou conhecer. Assim, é preciso integrá-la a tudo o que está contido na *sacra doctrina* em relação

a Deus, ao homem e ao mundo. A diferença entre a filosofia e a teologia não está no fato de que uma trata de certas coisas e a outra de outras coisas, porque ambas falam de Deus, do homem e do mundo. A diferença está no fato de que a primeira oferece um conhecimento imperfeito daquelas mesmas coisas que a teologia está em condições de esclarecer em seus aspectos e conotações específicos relativos à salvação eterna" (Reale, Antiseri, 1990, p. 554). Considerando essa passagem, que se refere ao pensamento de Tomás de Aquino, analise as proposições a seguir e marque a opção correta:

a) A filosofia é uma forma de conhecimento superior ao conhecimento advindo da teologia.

b) O conhecimento teológico dispensa o filosófico, pois este não contribui para conhecer Deus, o homem e o mundo.

c) Somente a teologia promove o verdadeiro conhecimento sobre Deus, o homem e o mundo.

d) O trecho apresentado evidencia as discussões sobre fé e razão e sua aproximação ao pensamento de Tomás de Aquino.

4. A respeito das concepções de pensadores medievais sobre o poder temporal do pontífice, analise as alternativas e marque a opção correta:

a) Para Quidort, a supremacia do poder divino é legítima ante o poder temporal, uma vez que toda relação de poder vem de Deus.

b) Na concepção de Marsílio de Pádua, o legislado é um enviado de Deus e suas ações abrangem as esferas temporal e divina.

c) Para Egídio Romano, a autoridade papal abrange tanto a esfera divina quanto a temporal, pois o espiritual está acima do material e, por isso, tem poder sobre ele.

d) Dante, em *O defensor da paz*, afirma ser o poder do imperador uma forma de equilíbrio ante o poder do pontífice.

5. A filosofia medieval pode ser entendida conforme duas perspectivas, sendo Santo Agostinho o principal representante de uma e Santo Tomás de Aquino, de outra. Assinale a alternativa que corresponde corretamente ao enunciado:

a) Patrística e escolástica.

b) Renascimento e pode divino.

c) Fé e razão.

d) Escolástica e poder temporal.

Atividades de aprendizagem

Questões para reflexão

1. Escolha três pensadores medievais e faça uma pesquisa sobre eles, abordando a vida, a obra e as principais ideias defendidas.

2. Considerando o estudo deste capítulo, elabore uma síntese sobre os temas tratados, enfatizando a leitura e a escrita em filosofia.

Atividade aplicada: prática

Assista a um dos filmes listados a seguir e, em seguida, elabore uma resenha crítica sobre ele.

O NOME da rosa. Direção: Jean-Jacques Annaud. França; Itália; Alemanha: Warner Home Video Inc., 1986. 130 min.

O SÉTIMO selo. Direção: Ingmar Bergman. Suécia: Espaço Filmes, 1956. 96 min.

O POÇO e o pêndulo. Direção: Roger Corman. Estados Unidos: Versátil, 1961. 85 min.

EM NOME de Deus. Direção: Clive Donner. Inglaterra; Iugoslávia: Europa Filmes, 1988. 115 min.

IV

Filosofia moderna:
ciência, razão e política

O período referente à **filosofia moderna**, que compreende o intervalo de tempo entre 1453 e 1789, caracteriza-se por uma inversão de perspectiva em relação à Idade Média, que tinha a fé como base da orientação das ações humanas, embora houvesse também uma busca pela razão. No período moderno, portanto, a razão e a experiência passam a ser os fundamentos da ciência e, de modo geral, do conhecimento.

A compreensão dessa mudança de perspectiva é fundamental para a leitura, a interpretação e a construção textual relacionadas à filosofia moderna. Nesse sentido, serão abordados alguns temas, como o Renascimento, que contribuirão para entender aspectos do pensamento do período, auxiliando o processo de construção e leitura dos textos filosóficos.

4.1 O Renascimento

O Renascimento, que ocorreu de forma mais intensa na Itália, caracteriza-se por ser um período de transição entre a Idade Média e a Idade Moderna, nos séculos XIV e XVI. Nesse movimento cultural, houve a retomada do espírito investigativo dos antigos (cultura greco--romana) e se deu maior ênfase ao **antropocentrismo**. Aos poucos, a fé foi substituída pela razão e o homem percebeu que poderia resolver parte de seus problemas sem atribuí-los a Deus.

A transição da cultura religiosa medieval para a cultura da razão, ocorrida no Renascimento, aconteceu de forma lenta. Como abordado no capítulo anterior, na Idade Média já havia uma tendência à razão (Marsílio, Ockham), embora a cultura religiosa fosse bastante defendida. Com a volta da racionalidade, o homem do Renascimento se sentiu mais livre e otimista em relação à sua condição terrena e racional. Assim, segundo Heller (1982, p. 52), é "cada vez mais comum verificar que a atitude do homem perante a Igreja é uma atitude de indiferença ou desdém, e que esta indiferença não tem qualquer relação com seus sentimentos ou seu comportamento religioso".

Percebemos, assim, um **distanciamento da religião**, cuja força coercitiva deixou de atuar de forma incisiva sobre a mente das pessoas. Diante dessa realidade, a noção de liberdade se fortaleceu no homem, que se sentiu mais capaz de decidir sobre sua vida com base em suas próprias convicções racionais.

A manifestação do espírito humano, no Renascimento, pode ser vista nas perspectivas literária, política, artística e científica. Na literatura, destacam-se nomes como Shakespeare, Dante, Boccaccio, Miguel de Cervantes, Thomas Morus, Camões e Erasmo de Roterdã.

Os escritos desses autores expressam as mudanças que estavam acontecendo, evidenciando a supremacia da razão e a liberdade dos sujeitos tanto social quanto política. Desse modo, tem-se a percepção de que

> a grandeza e amplitude desta transformação, que levou à dissolução da ordem e da filosofia medieval, e que constituiu a expressão desta ordem e era parte dela, substituindo-a por algo novo, só pode ser corretamente avaliada quando se lança um olhar para além do terreno da filosofia, para a evolução global da cultura durante este período. (Störing, 2009, p. 241)

As transformações são abrangentes e não se estendem somente à filosofia, mas à sociedade como um todo. Contudo, é importante lembrar que a mudança de paradigma não se deu calmamente. A influência da religião sobre o modo como as pessoas pensavam e se comportavam ainda era intensa. Portanto, a cultura religiosa entrou em conflito com os pressupostos racionais e antropocêntricos.

A valorização da ação e a presença antrópica se fizeram presentes claramente também nas artes plásticas, por meio da obra de artistas como Michelângelo, Leonardo da Vinci, Albrecht Dürer, Rafael Sânzio e Botticelli. As pinturas e esculturas dessa época revelam a propensão do homem a valorizar sua própria existência, considerando o corpo e as expressões humanas como algo natural e parte da vida – diferente do que ocorria na Idade Média, em que as referências ao corpo eram renegadas. Tais características podem ser verificadas na obra *O nascimento de Vênus*, de Botticelli, a qual dá vazão ao corpo e à nudez, expressando a capacidade criativa do homem, sua aproximação com o mundo material e terreno e, de certo modo, direcionando a ação humana para a construção da autonomia.

Figura 4.1 – *O nascimento de Vênus*, de Botticelli

Fonte: Botticelli, 1483.

Na esfera política também ocorreram grandes transformações. A teoria de **Maquiavel** (1469-1527), por exemplo, pode ser considerada o grande divisor de águas no que se refere ao pensamento político moderno. A obra de Maquiavel é elementar quando se trata de política. Em *O príncipe* e em *Comentários sobre a primeira década de Tito Lívio*, ele demonstra ser a política uma atividade estritamente humana – obra da ação humana –, considerando o homem como um animal político, conforme já havia apontado Aristóteles.

Para Maquiavel (citado por Sasso, 1993, p. 468), a política é "a realidade primeira da vida humana [...] realidade autônoma". Desse modo, é impensável a sociedade humana sem a vida política, uma vez que a política é o instrumento necessário para sua organização. Como a política é puramente resultado das ações humanas – e, portanto, não sofre com a interferência de agentes exteriores –, deve se organizar para o bem coletivo. Caso as ações políticas sejam voltadas aos benefícios próprios ou de uma minoria, o resultado final será desastroso.

> Quem pretenda governar um povo, sob uma república ou uma monarquia, deve certificar-se dos que demonstram ser inimigos da nova ordem das coisas, se não quiser estabelecer um governo efêmero. São verdadeiramente infelizes os príncipes que, tendo a multidão inimiga, são obrigados a usar meios extraordinários para afirmar seu poder. De fato, aquele que só tem um pequeno número de inimigos pode viver seguro sem muita preocupação; mas que é objeto de ódio geral nunca pode ter certeza de qualquer coisa. Quanto maior crueldade demonstra, mais se enfraquece seu poder. O caminho mais seguro é, portanto, procurar ganhar a afeição do povo. (Maquiavel, 1994, p. 70)

Sendo a ação política puramente humana, ela também revela o lado obscuro e perverso da natureza do ser humano, conforme tratou Maquiavel. Embora o homem seja o agente político capaz de organizar a cidade para o bem coletivo, ele é também o agente propenso a efetuar ações negativas e perversas, as quais são parte da natureza humana, uma vez que "os homens são geralmente ingratos, volúveis, fingidos, covardes ante o perigo e gananciosos" (Maquiavel, 2002, p. 208). Essa ideia do pensador florentino revela o lado negativo da vida humana, o qual é responsável pelos atos descabidos na política, como a corrupção e a satisfação dos interesses individuais, e não coletivos.

A forma de combater a perversidade humana – que pode se manifestar em qualquer momento desde que seja oportuno – é a organização da cidade ou do Estado. O governante deve organizar a sociedade visando proporcionar uma boa educação, princípios religiosos e morais e leis efetivas que farão com que os cidadãos venham a respeitar o Estado e o seu representante legal. Contudo, se os meios mencionados não colocarem ordem na cidade, o governante deve se utilizar de armas, a fim de, por meio da força, estabelecer o controle.

A ciência renascentista que caminhava para a modernidade estava voltada para a investigação e a observação. Entre os cientistas da época, destacaram-se Giordano Bruno, Nicolau Copérnico, Johannes Kepler, Galileu Galilei e Isaac Newton. Cada um deles teve papel relevante para a mudança de perspectiva de pensamento, recusando o dogmatismo e buscando o conhecimento científico.

Giordano Bruno levou até as últimas consequências as suas ideias filosóficas e científicas, as quais contrariavam a Igreja Católica e seus dogmas. A defesa dos pressupostos científicos e racionais de Bruno o colocou em conflito com a Igreja, o que acabou levando-o para o Tribunal da Santa Inquisição. Acusado de heresia, ele foi interrogado, torturado, condenado à morte e executado, em 17 de fevereiro de 1600, em Campo dei Fiori, Roma.

A ciência de Bruno seguia os moldes do heliocentrismo de Copérnico, que afirmava não ser a Terra o centro do universo, e sim o Sol, opondo-se, desse modo, ao pensamento predominante e aceito pela Igreja Católica. Contudo, Giordano Bruno preferiu morrer defendendo a ciência e o conhecimento racional do que renunciar às suas teorias e escapar da condenação feita pela Inquisição.

Se eu, ilustríssimo Cavaleiro, manejasse um arado, apascentasse um rebanho, cultivasse uma horta, remendasse uma veste, ninguém me daria atenção, poucos me observariam, raras pessoas me censurariam e eu poderia facilmente agradar a todos. Mas, por ser eu delineador do campo da natureza, por estar preocupado com o alimento da alma, interessado pela cultura do espírito e dedicado à atividade de intelecto, eis que os visados me ameaçam, os observados me assaltam, os atingidos me mordem, os desmascarados me devoram. E não é só um, não são poucos, são muitos, são quase todos. Se quiserdes saber por que isto acontece, digo vos que o motivo é que tudo me desagrada, detesto o vulgo, a multidão não me contenta. Somente uma coisa me fascina: aquela em virtude da qual me sinto livre na sujeição, contente no sofrimento, rico na indigência e vivo na morte. Aquela em virtude da qual não invejo os que são servos da liberdade, sofrem no prazer, são pobres na riqueza e mortos na vida, porque trazem no próprio corpo os grilhões que os prendem, no espírito o inferno que os oprime, na alma o erro que os debilita, na mente o letargo que os mata. Não há, por isso, magnanimidade que os liberte em longanimidade que os eleve, nem esplendor que os abrilhante, nem ciência que os avive. (Bruno, 1974, p. 9)

Quanto a **Copérnico**, seu grande feito foi substituir a concepção geocêntrica até então vigente pelo heliocentrismo. De acordo com seu pensamento, "a Terra é um corpo que se move em torno do sol, ao mesmo tempo que gira em torno do seu próprio eixo" (Störing, 2009, p. 243). Tal concepção não foi anunciada por Copérnico em vida, mas somente depois de sua morte esses estudos se tornaram públicos na obra intitulada *Sobre as revoluções dos corpos celestes*.

Ainda com essa perspectiva de pensamento, **Kepler**, com base nas leis da mecânica, partiu da ideia de que o universo é regido por uma lei única. Tal pensamento ficou explícito na obra *A harmonia do mundo*, que mostra que suas descobertas estavam pautadas em uma metafísica da harmonia que abrange todos os seres criados. Essa ideia de harmonia leva em consideração uma realidade quantitativa, a qual possibilita que o espírito estabeleça relações.

A realidade quantitativa segue os princípios da matemática e da mecânica, que mais claramente podem ser percebidos em **Galileu**. Este defendeu a teoria heliocêntrica de Copérnico, entrando em confronto com as concepções da Igreja e a Inquisição, o que fez com que recuasse em suas teorias, caso contrário, seria acusado de heresia e poderia ser levado ao Tribunal da Inquisição com a possibilidade de ser condenado à morte, assim como fora Giordano Bruno. Para Galileu, as relações, quando quantificadas, são apreendidas mais claramente pelo espírito humano. Assim, entendendo a realidade como quantidade, os pressupostos dos avanços da matemática e da mecânica podem ser aperfeiçoados.

Já o avanço da matemática e da física se confirmou com **Newton**. Entre suas contribuições, destacam-se o binômio de Newton, o cálculo diferencial e integral, a definição dos fenômenos óticos e a gravitação universal – teses que só foram possíveis de ser formuladas por conta de pressupostos do racionalismo e do empirismo.

4.2 Racionalismo e empirismo[1]

O desenvolvimento do pensamento moderno se deu fortemente enraizado nos pressupostos da ciência, a qual baseou-se nos conhecimentos

---

1 Não são somente os pensadores abordados neste livro que se ocuparam do racionalismo e do empirismo. Para um maior aprofundamento sobre o racionalismo, recomendamos consultar os pensamentos de Malebranche, Spinoza e Leibniz. Para isso, você pode consultar a obra de Reale e Antiseri (2007).

da filosofia, da matemática, da física e da mecânica para o aperfeiçoamento das ideias renascentistas e a consolidação do pensamento racional moderno.

A grande referência do **racionalismo** é o matemático e filósofo **René Descartes** (1596-1650), também considerado o fundador da filosofia moderna. O ponto de partida do conhecimento para Descartes está na dúvida. À medida que se coloca tudo em dúvida, são lançados questionamentos sobre a realidade para, a partir deles, buscar algo sobre o qual se tenha certeza. Por isso, segundo sua teoria, é preciso colocar em dúvida as percepções sensoriais, as abstrações oriundas de objetos materiais e, de modo geral, a realidade. Diante da dúvida generalizada, o que resta são os pensamentos que, por sua vez, não participam da dúvida.

Foi tendo a certeza de que os pensamentos existem que Descartes enunciou a sua famosa frase: "Penso, logo existo" (*Cogito, ergum sum*). As ideias de Descartes tinham o propósito de buscar bases sólidas para o conhecimento, possibilitando a certeza de determinadas coisas.

> Revendo suas crenças, ele descobre que muitas delas são contrárias. Algumas são mais ou menos justificáveis do que outras; umas, como as proposições da matemática, parecem certas; outras se revelam prontamente falsas. Ele decide colocar algum tipo de ordem nessa confusão de crenças, de modo que a justificativa de uma proposição possa decorrer da outra. A fim de fazer isso, precisa começar com o que quer que seja mais certo e infalível. (Stokes, 2012, p. 142)

A busca da razão cartesiana está em estabelecer distinções sobre aquilo que pode ser justificado racionalmente e entendido por meio de argumentos lógicos, os quais conduzem à verdade – conhecimento. Em relação às crenças que apresentam justificativas fracas e argumentos incoerentes, obtém-se a certeza de que se trata de proposições falsas. Portanto, confirma-se primeiramente aquilo que tem caráter de verdade, seguindo uma ordem em que uma proposição reforça a outra, confirmando a infalibilidade de um conhecimento e a falsidade de outro.

Quanto mais clara for a ideia sobre um objeto ou uma realidade, maior será o conhecimento sobre ele. "Descartes adverte que existe uma enormidade de razões para duvidar dos pensamentos confusos e obscuros; porém tratando-se de pensamentos claros e distintos, de ideias claras e distintas, as razões que existem para duvidar são muito menos fortes" (Morente, 1980, p. 172).

A clareza e a distinção são elementos fundamentais para eliminar a dúvida e caminhar em direção à verdade, como uma possibilidade do eu pensante, "nada há no *eu penso, logo existo*, que me assegure de que digo a verdade, exceto que vejo muito claramente que, para pensar, é preciso existir, julguei poder tomar por regra geral que as coisas que concebemos mui clara e mui distintamente são todas verdadeiras" (Descartes, 1996, p. 92-93, grifo do original).

Portanto, Descartes enfatiza a verdade em relação ao que existe. Porém, a existência em si não basta; é preciso que a concebamos de maneira clara e distinta, uma vez que a clareza e a distinção se estabelecem como critérios em busca do conhecimento verdadeiro. Sobre aquilo do qual se tem certeza da existência, Descartes enuncia da seguinte forma: "embora, desde que me propus a tarefa de duvidar de todas as coisas, eu tenha conhecido com certeza apenas a minha existência e a de Deus, todavia também, já que reconheci o infinito poder de Deus, não poderia negar que ele não tenha produzido muitas outras coisas" (Descartes, 1996, p. 300).

A noção do que é Deus baseia-se em sua existência. Se Ele existe, é admissível a sua infinitude e perfeição. Descartes não tem dúvida sobre a existência de Deus. A ideia de veracidade em relação a Deus é reforçada pelo fato de Este não enganar o pensador, já que a certeza da verdade em Deus lhe permite afirmar que Ele é verdadeiro.

Assim, o racionalismo parte em busca da verdade com base nas abstrações da mente (da razão), orientando-nos a desconfiar dos sentidos, uma vez que as percepções sensoriais enganam e conduzem ao erro. Como não há verdade única, obviamente o racionalismo não trouxe respostas para todos os problemas do conhecimento. Foi apenas uma forma de perceber e explicar a realidade. Aliado a ela, é preciso que abordemos o **empirismo**.

Se o ponto de partida do conhecimento, para o racionalismo, é a razão, para o empirismo, o ponto de partida é a **experiência sensível**. Desse modo, para os empiristas, o conhecimento é obtido com base na percepção do mundo externo e da reflexão mental. O mundo externo diz respeito à realidade percebida, aquilo que existe e pode ser compreendido por meio da experiência sensível – o que ocasiona a reflexão, ou seja, o desenvolvimento de uma teoria sobre a realidade.

Os principais representantes dessa corrente de pensamento são Francis Bacon, Thomas Hobbes, John Locke, George Berkeley e David Hume. **Bacon** (1561-1626) primeiramente se dedicou à política, sendo acusado de corrupção. Porém, o que mais o projetou foi a busca pelo conhecimento científico. Seu pensamento encontra-se em suas principais obras: *Novum organum* e *Nova Atlântida*.

Bacon é considerado um dos precursores do **método indutivo**, o qual, em um primeiro momento, recusa as bases do conhecimento oriundas do platonismo e do aristotelismo e fomenta a ideia de uma nova possibilidade que contribua para a construção de conjecturas indutivas. Para desenvolver o método indutivo, Bacon estava preocupado com a investigação de casos negativos, já que o fato de haver uma sequência de resultados positivos não significa que não ocorrerá um evento negativo. Desse modo, o processo investigativo deveria verificar as razões da ocorrência de um resultado negativo. O filósofo também afirmava que os cientistas deveriam superar os preconceitos, as noções errôneas e os maus hábitos mentais – denominados por ele de *ídolos* – em função do conhecimento, pois, para ele, o conhecimento é poder.

Thomas Hobbes (1588-1679) foi um filósofo que seguiu o pensamento de Bacon e Galilei. Para ele, a filosofia é entendida como a filosofia dos corpos, sejam naturais, sejam artificiais. Os corpos naturais estão relacionados à filosofia da natureza; já os artificiais são aqueles voltados à política. Embora Hobbes tenha direcionado o seu pensamento para a filosofia da natureza e da ciência de modo geral, com ênfase na mecânica, o maior destaque de seu pensamento encontra-se na política.

A principal obra de Hobbes sobre política é *Leviatã*, na qual ele justifica a necessidade do Estado e a legitimidade do poder deste sobre os cidadãos. Com a institucionalização do poder, os homens superam o estado de natureza e celebram o contrato social. Desse modo, surge o estado civil, em que os homens renunciam à liberdade individual em função da instituição de um poder central, delegando a um homem ou a uma assembleia o poder decisório. Assim, o homem supera o estado de natureza, bem como a insegurança gerada por essa condição, e cria mecanismos que, em tese, dariam maior segurança à vida humana de forma coletiva.

> Dado que todas as leis, escritas ou não, recebem toda sua força e autoridade da vontade do Estado, quer dizer, da vontade do representante, que numa monarquia é o monarca, e nos outros Estados, a assembleia soberana, há lugar para perguntar de onde derivam aquelas opiniões que se encontram nos livros de eminentes juristas de vários Estados, segundo as quais o poder legislativo depende, diretamente ou por consequência, de indivíduos particulares ou *juízes* subordinados. Como, por exemplo, *Que a lei comum só está submetida ao controle do Parlamento*, o que só é verdade se o Parlamento detém o poder soberano, só pode reunir-se ou dissolver-se por sua própria discrição. Pois se outrem tiver o direito de dissolvê-lo, terá o direito de controlá-lo, e consequentemente o de controlar os seus controles. E caso não exista tal direito o controlador das leis não será mais o *Parlamentum*, e sim o *Rex in Parlamento*. E quando um parlamento é soberano, por mais numerosos e mais sábios que sejam os homens que reúna, das regiões a ele submetidos, e seja por que motivo for, tal não levará ninguém a acreditar que por isso a assembleia adquiriu o poder legislativo. *Item*, que os dois braços de um Estado *são a força e a justiça, dos quais o primeiro é o rei, e o segundo está depositado nas mãos do Parlamento*. Como se fosse possível subsistir um Estado onde a força estivesse em uma mão que a justiça não tivesse a autoridade de comandar e governar. (Hobbes, 1983, p. 163-164, grifo nosso)

Assim como Hobbes, o pensamento de **John Locke** (1632-1704) segue uma tendência política, expressa principalmente em sua obra *Dois tratados sobre o governo*, na qual defende a liberdade e um governo que se utilize dela. O pensamento político de Locke, que tem como ponto de partida a realidade política, ainda que teórico, traduz uma tentativa de superar o absolutismo de sua época.

Em sua obra *Um ensaio sobre o entendimento humano*, por meio de uma linguagem simples, Locke enfatiza "que toda reflexão filosófica tem de partir em primeiro lugar de um exame a respeito da capacidade do entendimento humano e a respeito dos objetos que estão – ou respectivamente não estão – em sua esfera" (Störing, 2009, p. 299). Para que haja reflexão filosófica é preciso verificar as questões que são parte do entendimento humano e aquelas que não são do seu alcance.

Dessa forma, as ideias derivam da consciência, sendo elas primeiramente simples e resultantes da experiência externa. As ideias simples são produzidas pelos sentidos – como a distinção do que é doce, quente, frio etc. Já as ideias complexas são construções da mente, tendo como base as ideias simples, de forma a construir mentalmente uma representação da realidade a partir de elementos concretos.

Opondo-se, em parte, ao pensamento adotado por Locke, **George Berkeley** (1685-1783), ao invés de aceitar a ideia de que os sentidos nos causam sensações e estas passam a fomentar as ideias, afirma que a percepção que temos de tudo são fenômenos da consciência. Assim, o que existe é o espírito, e as coisas são representações mentais elaboradas pelo sujeito, pelo espírito que apreende (*Esse, est, percipi*). "Por consequência, tudo se torna dependente da mente. Se algo deixa de ser uma ideia na mente de alguém, deixa de existir" (Stokes, 2012, p. 186).

A existência de algo não representa nada, nenhum significado; somente adquire representação e sentido à medida que a mente humana cria uma ideia do objeto ou da realidade. Portanto, de acordo com Berkeley, as coisas são concepções formuladas pela mente. Em outras palavras, à medida que a consciência produz uma ideia sobre algo, estabelece uma conexão com a realidade. Do mesmo modo, quando uma ideia deixa de ser construção da consciência, ela deixa de existir e, consequentemente, o objeto inexiste.

Ainda entre os empiristas, **David Hume** (1711-1776) é considerado um grande expoente das ideias que defendem a experiência como condição primeira para o conhecimento. Sua principal obra, *Tratado sobre a natureza humana*, aborda de maneira concisa a psicologia empírica. Embora defenda a ideia de que o conhecimento é resultado da experiência, lança dúvidas sobre a indução, pois afirma não perceber elementos que venham a dar garantias da sucessão dos eventos obtendo o mesmo resultado.

Segundo o pensamento de Hume, somente pode ser entendido como conhecimento aquilo que pode ser experienciado. Dessa forma, ele demonstra um ateísmo em seu pensamento, excluindo a existência de Deus – o que, somado ao ceticismo, impediu-lhe de entrar no ambiente acadêmico de sua época. De acordo com suas concepções filosóficas, "os conteúdos da mente humana outra coisa não são senão 'percepções', dividindo-se em duas grandes classes, que Hume chama de 'impressões' e 'ideias'" (Reale; Antiseri, 1990, p. 559). As impressões dizem respeito à intensidade com que as percepções se apresentam à mente e as ideias se referem à ordem temporal em que isso acontece.

De modo geral, o pensamento dos defensores do racionalismo e do empirismo é profundo e abrangente. A finalidade deste estudo é propor uma breve introdução a respeito do pensamento filosófico, a fim de que você possa ter uma ideia dessa forma de pensar ao longo dos tempos.

4.3 Iluminismo

O Iluminismo, também conhecido na filosofia como *Ilustração*, ocorreu no século XVIII – o século das luzes. As ideias iluministas contribuíram para a defesa do progresso intelectual, moral e material – pressupostos para o desenvolvimento e transformação da sociedade moderna. Os iluministas se opuseram à forma de domínio da Igreja, que predominou na Idade Média e influenciou a Idade Moderna, e ao Estado absolutista, o qual, por meio do poder absoluto, foi incorporado pela figura do rei.

As ideias iluministas tiveram um impacto profundo na sociedade por defender a liberdade das pessoas e se opor ao Estado, que se sobrepunha aos direitos dos cidadãos por meio da força. O Iluminismo foi um movimento que resultou do processo de transformação empreendido pelo Renascimento, período em que as pessoas se sentiram mais livres para pensar e agir. Assim, os avanços na política, na matemática, na física e na mecânica foram fundamentais para a formação de um pensamento voltado ao uso da razão.

Entre os iluministas, destacamos primeiramente **Montesquieu** (1689-1755). Em sua obra *Cartas persas*, o filósofo manifestou de forma irônica e intensa uma crítica contra a monarquia, utilizando-se da sátira para falar do rei e do papa. Já na obra *O espírito das leis*, Montesquieu falou sobre a natureza das leis em diversos lugares e épocas, citando como modelos os antigos romanos e a prática constitucional dos ingleses.

Além de contrapor a prática autoritária e absoluta no exercício do poder por parte do rei e mesmo do papa, o filósofo iluminista lançou uma discussão sobre o poder, enfatizando que somente o poder pode conter a si próprio. Em se tratando do poder, há a necessidade de se estabelecer um equilíbrio de forças, o que exige que os poderes executivo, legislativo e judiciário mantenham autonomia e sejam constituídos por diferentes pessoas. Vale lembrar que a ideia dos três poderes já pode ser percebida, de certo modo, em Locke. Embora Montesquieu fosse contra a monarquia da época, por ser de origem nobre não defendeu um governo do povo, mas a ideia de um governo cujo rei exercesse o poder moderadamente e representasse os interesses das classes mais abastadas.

Percorrendo uma linha semelhante à do pensamento de Montesquieu, o filósofo **Voltaire** (1694-1778) defendeu a liberdade de expressão e a tolerância em relação a culturas diferentes. Em seu pensamento, também se utilizou da ironia e da crítica ao abordar questões referentes ao rei e à Igreja.

> Voltaire foi um dos primeiros a reconhecer a grandeza e a riqueza dos distantes mundos da Pérsia, da Índia e da China. A Europa não aparece mais como o mundo, mas como um mundo cultural ao lado de outros mundos irmãos, o judaísmo e o cristianismo aparecem como religiões entre outras – com o que elas naturalmente perdem sua validade absoluta. (Störing, 2009, p. 316)

A teoria de Voltaire representou um avanço significativo para o pensamento europeu, pois ele reconheceu a existência e o valor de "outros mundos", ressaltando que a Europa é um mundo entre vários outros, assim como a religião cristã é uma entre outras. Tal pensamento se caracteriza pela tolerância, defendida por Voltaire, uma vez que ele foi preso e levado à Bastilha pelo fato de ter respondido a um nobre de forma audaz, sendo posteriormente libertado, mas com a condição de ser exilado.

Voltaire também defendia a monarquia como regime de governo, desde que fosse governada por rei esclarecido, que soubesse ponderar entre os interesses dos iguais e respeitar as liberdades dos indivíduos. Quanto à ideia de liberdade, Voltaire a entendia da seguinte forma: "Posso não concordar com nenhuma das palavras que você diz, mas defenderei até a morte o direito de você dizê-las" (Voltaire, citado por Cotrim, 2002, p. 172). O direito à liberdade é ponto central em seu pensamento. A França, na época, impunha inúmeras restrições à liberdade das pessoas. O próprio Voltaire, ao ser exilado na Inglaterra, deparou-se com uma sociedade muito diferente da francesa, que permitia e defendia a liberdade individual.

Embora suas ideias não seguissem a linha de pensamento dos iluministas citados, **Jean-Jacques Rousseau** (1712-1778) também foi um filósofo de grande destaque para a filosofia ocidental. A principal diferença entre ele e os demais iluministas é que ele não defendia, com entusiasmo, a ideia de que a técnica e o progresso da ciência conduziriam à felicidade humana – além de criticar também a ideia da propriedade particular. Para Rousseau, o Estado deveria representar a vontade geral, condição que possibilitaria o desenvolvimento de uma sociedade com princípios democráticos e mais justos.

Ainda de acordo com Rousseau, as injustiças se devem à atuação equívoca das instituições, que aniquilam as vontades e capacidades que os homens têm naturalmente, uma vez que estes não são maus ou bons, mas se encontram em tais condições em virtude da organização social a que são submetidos. As principais obras de Rousseau são *Discurso sobre a origem da desigualdade entre os homens*, *Do contrato social* e *Emílio ou da Educação*. O seguinte trecho de Rousseau trata da desigualdade entre pobres e ricos:

O primeiro progresso da desigualdade: a propriedade.

A invenção da propriedade suscita, de um lado, a existência da primeira grande desigualdade, a que separa os ricos dos pobres e, de outro lado, a formação das primeiras sociedades civis.

A desigualdade entre ricos e pobres.

a) Causas: o desenvolvimento da metalurgia e da agricultura. A arte de trabalhar o ferro foi a primeira a ser inventada, por ocasião de uma erupção vulcânica. Tornou-se, então, necessário um aumento da produção do trigo para alimentar os trabalhadores metalúrgicos e para ter-se alguma coisa a trocar com os objetos fabricados.

b) Consequências: a cultura das terras leva à sua divisão: sua posse contínua, por aquele que as trata, transforma-se no direito de propriedade. A desigualdade dos talentos naturais é multiplicada pelo rendimento do trabalho. Os mais corajosos ou mais atilados tornam-se os mais ricos. Desenvolvem-se as artes, as riquezas e as línguas.

c) Quadro da humanidade nesse estado: a igualdade desapareceu, o trabalho tornou-se necessário, o desenvolvimento das faculdades psíquicas leva à distinção entre o que é e o que parece ser; a sociedade impõe-nos parecermos coisa diferente que somos. O homem torna-se escravo de suas necessidades e de seus semelhantes. A riqueza suscita a ambição, a concorrência, a rivalidade de interesses, a herança, a dominação universal. (Rousseau, 1973, p. 216)

Ainda em relação ao Iluminismo, é fundamental lembrar **Diderot** (1713-1784) e **D'Alembert** (1717-1783), que ficaram conhecidos como *enciclopedistas*, pois organizaram uma grande enciclopédia com a finalidade de reunir a maior quantidade possível dos conhecimentos existentes na época. Os conhecimentos registrados na enciclopédia causaram grande impacto na sociedade, pois reforçavam os ideais de uma sociedade burguesa, que acreditava que a ciência e a técnica eram elementos fundamentais para o progresso da humanidade. A crença absoluta na capacidade oriunda da razão foi uma característica muito presente no pensamento iluminista. Contudo, tal intensidade acabou não sendo sustentada por alguns filósofos posteriores, os quais perceberam que nem tudo poderia ser resolvido pelo progresso anunciado pelos iluministas – embora tenham sido muito influenciados pelo século das luzes, como veremos em Kant.

4.3.1 Kant (1724-1804)

Immanuel Kant foi um dos maiores pensadores de todos os tempos, sendo considerado o principal filósofo do iluminismo alemão. Dedicou-se de forma intensa à **investigação filosófica**, produzindo uma obra complexa e profunda, marcada por escritos como *Crítica da razão pura*, *Crítica da razão prática*, *Fundamentação da metafísica dos costumes*, *Crítica do juízo*, *A religião nos limites da simples razão*.

O método kantiano é conhecido como *criticismo*, o qual coloca em questão o que se conhece, o que pode ser conhecido e o valor do conhecimento. Desse modo, Kant supera o empirismo e o racionalismo, denotando que o conhecimento não se origina somente da experiência ou da razão; ele é obtido por meio de juízos universais e da experiência sensível.

> Mas, embora todo o nosso conhecimento comece *com* a experiência, nem por isso se origina todo ele justamente *da* experiência. Pois bem poderia acontecer que mesmo o nosso conhecimento de experiência seja um composto do que recebemos por meio de impressões e do que o nosso próprio poder de conhecimento (apenas provocado por impressões sensíveis) fornece de si mesmo – cujo aditamento não distinguimos daquela matéria-prima –, até que um longo exercício nos tenha chamado a atenção para ele e nos tenha tornado capazes de abstraí-lo. (Kant, 1974, p. 23, grifo do original)

Para Kant (1974), o ponto de partida do conhecimento é a experiência, embora ele não se origine somente dela. A experiência, somada às impressões sensíveis, constitui o conhecimento sobre um objeto. Assim, os conhecimentos são empíricos, portanto, *a posteriori* (ou seja, vinculados à experiência), e racionais, portanto, a *priori* (ou seja, que antecedem a experiência).

Assim, Kant passa a fazer referência aos juízos universais, compreendidos como *juízos analíticos* e *sintéticos*. O primeiro diz respeito à condição de que o predicado já se encontra no sujeito. Já os juízos sintéticos se referem à condição de que o predicado é acrescentado ao sujeito. Dessa forma, Kant "resolvera a questão de como a mente adquire conhecimentos a partir da experiência argumentando que a mente impõe princípios à experiência para gerar conhecimento" (Stokes, 2012, p. 191).

Da mesma forma que estabeleceu princípios (leis) para o conhecimento, também definiu pressupostos para a construção de uma moral universal, a qual deve ocorrer de forma racional, com a razão orientando o homem em suas escolhas.

> Uma vez que despojei a vontade de todos os estímulos que lhe poderiam advir da obediência a qualquer lei, nada mais resta do que a conformidade a uma lei universal das ações em geral que possa servir de único princípio à vontade, isto é: devo proceder sempre de maneira *que eu possa querer também que a minha máxima se torne uma lei universal.* (Kant, 1974, p. 209, grifo do original)

A ação humana deve se dar de acordo com a boa vontade, que deve se tornar uma lei universal. Em outras palavras, o sujeito, ao agir em função do dever, é levado a criar uma lei universal que o guiará a agir sempre da mesma forma, uma vez que, como esta é uma escolha racional, deve contribuir para a realização e a felicidade humana.

Kant também aborda em seu pensamento ideias voltadas à **estética**, que, em si, relacionam-se à moral idealizada por ele. Portanto, a estética segue os padrões criados pelas sociedades de acordo com a cultura vigente em determinada época e lugar.

> Numa palavra, a ideia estética é uma representação da imaginação que acompanha um conceito dado e que está vinculada a uma tal diversidade de representações parciais em seu uso livre, que para ela não pode ser encontrada nenhuma expressão que designe um conceito determinado, e que, portanto, permite acrescentar em pensamento a um conceito muito indizível, cujo sentimento vivifica a faculdade de conhecer e vincula à linguagem, como mera letra, um espírito. (Kant, 1974, p. 347)

A ideia de estética no pensamento kantiano não se apresenta como um conceito determinado e fechado. Tem como referencial um conceito estabelecido, porém não absoluto. Isso permite a manifestação da imaginação; sobretudo um conjunto de ideias que são resultado da percepção estética do sujeito, a qual pode se manifestar livremente e de diversas formas.

4.4 Leitura e escrita no pensamento moderno

Os pressupostos da filosofia cartesiana e a necessidade de se ter ideias claras e distintas representam o ponto de partida na busca do entendimento da filosofia moderna. Para compreender o pensamento filosófico de determinada época, é essencial **identificar**

aproximações e divergências entre as ideias dos pensadores que nela desenvolveram sua teoria. É com base na identificação dessas distinções que se pode reconhecer as particularidades de cada teoria, seja em relação a um único filósofo, seja em relação a uma linha de pensamento.

A filosofia moderna se desenvolveu sob o arcabouço da razão. O homem, desde o Renascimento, assumiu uma condição antropocêntrica e, como sujeito centrado, pôde pensar as condições e as relações que envolvem a sua existência. "A emergência do mundo burguês e o desenvolvimento da física, que se exprime matematicamente, constituem aspectos de uma mesma realidade cultural em transformação" (Aranha; Martins, 2003, p. 130). O mundo burguês remodelou as sociedades da época, pois direcionou as ações humanas à produção e ao acúmulo de riquezas, o que não aconteceu no período antigo e na Idade Média.

Desse modo, na Idade Moderna, o homem passou a ser o centro de todas as coisas e um sujeito possuidor da razão. Como ser racional, os problemas do seu cotidiano passaram a ser objeto de análise da razão – por isso a crença de que a razão poderia contribuir de forma significativa para o progresso da humanidade.

Ler e escrever sobre a filosofia moderna nos leva a compreender o papel central que a ciência passou a desempenhar desde o início da Modernidade até os dias atuais. Nesse sentido, também é importante destacar as questões voltadas ao campo da política, do direito e da moral. Tais reflexões foram determinantes para discutir as formas de governo e organizar a sociedade de forma mais equilibrada. Além disso, os fundamentos de uma moral universal (Kant) contribuíram significativamente para o estudo das concepções éticas.

Síntese

Neste capítulo, procuramos deixar claro como ocorreu e quais foram as consequências do Renascimento e como surgiu a ciência política com Maquiavel. Também evidenciamos as diferenças entre os conhecimentos racional e empírico, apresentando os principais pensadores das vertentes racionalistas e empiristas. Além disso, abordamos o Iluminismo, enfatizando algumas ideias de seus pensadores e o impacto que tiveram na sociedade da época. Por fim, a breve abordagem sobre a filosofia de Kant foi fundamental para uma melhor compreensão da filosofia moderna.

Indicações culturais

Filme

LUTERO. Direção: Eric Till. Alemanha; Estados Unidos: Casablanca Filmes, 2003. 124 min.

O filme retrata o confronto travado entre Martinho Lutero e a Igreja Católica (ao reprovar a venda de indulgências) e seu rompimento com o catolicismo, destacando a formação de uma nova religião.

Livro

REALE, G.; ANTISERI, D. **História da filosofia**: do humanismo a Kant. 2. ed. São Paulo: Paulus, 1990. v. 2.

Essa obra, que trata da história da filosofia, apresenta um panorama amplo sobre o pensamento moderno, fazendo menção às ideias de pensadores do período e evidenciando como o contexto histórico dos filósofos serviu de pano de fundo para a construção de suas teorias.

Atividades de autoavaliação

1. O Renascimento, que compreende o período que vai do século XIV ao XVI, foi marcado por uma série de mudanças que transformaram o modo como o indivíduo renascentista e moderno percebiam a realidade. Assinale a alternativa que melhor caracteriza a percepção de mundo do sujeito renascentista e moderno e o universo artístico da época:

   a) O indivíduo renascentista se ocupou da tecnologia desenvolvida nos primeiros séculos da Idade Média e transformou o seu modo de vida a partir das invenções científicas.

   b) A finalidade da arte renascentista era elevar a religião e propiciar ao homem moderno uma busca pela contemplação religiosa, desprezando o uso da razão.

   c) Se comparada ao período medieval, houve um intenso enfraquecimento da crença na ciência, de modo que o homem não se percebia como um ser com capacidade inventiva, pois acreditava que a infinidade dos fenômenos que aconteciam tanto na natureza quanto na sociedade era obra do acaso.

   d) O homem renascentista retomou o espírito investigativo clássico e passou a valorizar as invenções humanas, caracterizando-as de forma racional. Assim, a arte ganhou notoriedade, sendo percebida como uma manifestação humana com fins igualmente humanos.

2. De acordo com as concepções de pensadores e artistas renascentistas e modernos, analise as proposições a seguir e assinale V (verdadeiro) ou F (falso):

( )   Os pensadores e artistas renascentistas resgataram o pensamento grego clássico e começaram a ver o homem como um ser terreno que, mesmo sendo uma criação divina, tinha autonomia e capacidade inventiva.

( )   A arte renascentista excluiu os elementos sacros. Desse modo, aproximou arte e filosofia.

( )   A modernidade foi marcada pelo racionalismo, pelo empirismo, pela ciência política e pelos Estados absolutistas.

( )   Segundo Leonardo Da Vinci, o homem não deveria se esforçar para dominar e entender a natureza, pois, sendo ela uma obra divina, já está pronta e acabada – o que significa que o homem é incapaz de criar.

Agora, assinale a alternativa que contém a sequência correta:

a) F, V, F, V.
b) V, F, V, F.
c) F, V, V, F.
d) V, V, F, V.

3. "é melhor ser mais amado do que temido ou se é melhor ser mais temido do que amado. É claro que o ideal seria a posse, ao mesmo tempo, das duas qualidades, mas é muito difícil existir uma combinação entre as duas; portanto é muito mais seguro ser temido do que amado quando se pode ter apenas uma delas. Isso porque os homens são geralmente ingratos, volúveis, fingidos, covardes ante o perigo e gananciosos" (Maquiavel, 2002, p. 208).

A contribuição de Maquiavel para o desenvolvimento do pensamento político é de grande relevância, tanto para sua época quanto para os dias atuais. Considerando o exposto, analise as proposições a seguir e marque a alternativa que apresenta corretamente o pensamento desse filósofo:

a) A maior contribuição do pensamento de Maquiavel foi unir política e religião.

b) Considerado o criador da ciência política, Maquiavel tornou a política secular e parte da organização da sociedade humana.

c) Maquiavel tornou a política demoníaca, tanto é que se atribui o termo *maquiavélico* às ações maldosas desencadeadas por políticos.

d) Segundo Maquiavel, a política é obra do acaso, de Deus, portanto, os homens devem seguir o curso normal das coisas, não sendo possível interferir.

4. Em relação ao Iluminismo, é correto afirmar:

a) Os pensadores iluministas desenvolveram o seu pensamento com base na fé cristã, uma vez que a maioria deles pertencia ao meio eclesiástico.

b) Os iluministas acreditavam no progresso humano com base na razão, criticavam a Igreja e o Estado absolutista, procurando contribuir para libertar a população da ignorância e da opressão estatal.

c) Foi um movimento intelectual que surgiu no século XVII e teve como finalidade esclarecer a população sobre as mazelas dos reis, libertando-a da ignorância.

d) Caracterizou-se por ser um movimento cultural e literário e por desenvolver posições contrárias à liberdade de expressão.

5. "Em estado de natureza, os indivíduos vivem isolados e em luta permanente, vigorando a guerra de todos contra todos ou 'o homem lobo do homem'. Nesse estado, reina o **medo** e, principalmente, o **grande medo**: o da morte violenta. Para se protegerem uns dos outros, os humanos inventaram as armas e cercaram as terras que ocupavam. Essas duas atitudes são inúteis, pois sempre haverá alguém mais forte que vencerá o mais fraco e ocupará as terras cercadas. A vida não tem garantias; a posse não tem reconhecimento e, portanto, não existe; a única lei é a força do mais forte, que pode tudo quanto tenha força para conquistar e conservar" (Chaui, 2003, p. 372-373, grifo nosso).

Analise as proposições a seguir e assinale a alternativa que corresponde corretamente à situação mencionada no trecho apresentado:

a) Trata-se do Estado civil e de suas garantias.

b) **Refere-se ao estado de natureza, segundo o filósofo Thomas Hobbes.**

c) Retrata a sociedade organizada com base no consenso.

d) Revela que a legitimidade do sistema está na natureza do mais forte em proteger o mais fraco.

Atividades de aprendizagem

Questões para reflexão

1. Quais as principais características do Iluminismo?

2. Considerando o pensamento de Kant, explique juízo analítico, juízo sintético *a posteriori* e juízo sintético *a priori*.

Atividade aplicada: prática

Faça uma síntese das principais características da filosofia moderna. Para elaborá-la, utilize os livros indicados neste capítulo.

v

Filosofia contemporânea

Nunca antes a leitura e a produção de textos filosóficos atingiram tal potencial como na contemporaneidade. A pluralidade das correntes de pensamento, das universidades e dos centros de pesquisas conduziu a pesquisa e a produção de conhecimento filosófico a um patamar elevado. Se no período medieval filosofia e teologia andaram de mãos dadas e, muitas vezes, relacionadas de tal modo que não era possível precisar onde uma terminava e a outra começava, na contemporaneidade é a **ciência** que anda de mãos dadas com a filosofia, a tal ponto que, muitas vezes, chegam a formar um amálgama indissociável.

Pode-se dizer que a **filosofia contemporânea** tem data e local de nascimento[1]. Em 1879, um dos maiores filósofos de todos os tempos se afastou das atividades docentes na Universidade de Basileia, em decorrência de uma doença que o acometeu no ano de 1873, que tornou sua voz quase inaudível para os estudantes. Nietzsche provavelmente sofria de sífilis. No começo, a infecção ficou restrita aos órgãos genitais, mas, depois, alastrou-se pelo organismo e, por fim, causou paralisia progressiva e demência, o que começou exatamente no dia 5 de janeiro de 1889. No ano seguinte, o filósofo estava morto.

Enquanto Nietzsche vivia seu calvário, no outono de 1883, **Husserl** partia da Morávia para Viena, a fim de estudar com Franz Brentano. Em 1887, na Universidade Halle, onde ensinou até 1901, Husserl assumiu o cargo de professor conferencista, apresentando a conferência *Sobre os objetivos e problemas da metafísica*. Para ele, a base filosófica da lógica e da matemática deveria ser a análise da experiência, a qual se encontra antes de todo o pensamento formal. Tal concepção é apresentada em sua obra capital *Investigações lógicas*, publicada pouco após a morte de Nietzsche. É nessa obra que o filósofo apresenta o método de análise que denominou de *fenomenológico*.

Investigações lógicas marcou o rompimento de um paradigma que perdurou desde a publicação de *Crítica da razão prática*, por Kant, em 1788. As investigações de cunho moral dão lugar, agora, às investigações da **lógica simbólica**, as quais, de certa forma, começaram antes

---

1 Muitos historiadores da filosofia, como Reale e Antiseri (2006), Chaui (2003) e Aranha e Martins (2003), determinam que a filosofia contemporânea teve sua origem em meados do século XIX e perdura até os dias atuais. Pode-se afirmar que a obra capital que abriu uma nova temática, fornecendo o tom das problemáticas da filosofia contemporânea, foi *Investigações lógicas*, de Husserl, o qual, por esse motivo, é descrito nesta obra como o fundador do pensamento contemporâneo na filosofia.

mesmo da publicação das *Investigações lógicas*, com o livro que passou despercebido pela crítica da época, intitulado *Ideografia*, de Gottlob Frege, um professor de matemática de Jena. Logo no subtítulo pode-se notar sua intenção: *uma linguagem formal do pensamento puro a partir do modelo da linguagem matemática*. Apesar das teorias de Leibniz, Kant e outros matemáticos de renome, como George Boole[2] (1815-1864), a lógica quase não passou por mudanças desde que Aristóteles fundamentou suas bases. Frege, contudo, dedicou-se a uma nova análise da lógica e acabou por lançar as bases da lógica simbólica moderna.

Em razão da pluralidade e da profundidade da filosofia contemporânea, restringiremo-nos aqui às suas principais correntes e pensadores. Dessa forma, estruturaremos o capítulo com base na fenomenologia, passando pelo existencialismo, pela filosofia da mente e terminando com a abordagem do pensamento de Hans Jonas e sua proposta para uma nova ética.

5.1 Husserl e a fenomenologia

A palavra *fenômeno* deriva do grego antigo *phainesthai*. Muitas vezes, o termo era usado pelos gregos para designar o próprio aparecer, significando "o que aparece" ou "aquilo que se mostra". A primeira vez que o termo *fenomenologia* apareceu foi em um artigo de Husserl intitulado *Ideias para uma fenomenologia pura e para uma filosofia fenomenológica*,

---

2   Autodidata, fundou, aos 20 anos de idade, a sua própria escola, dedicando-se ao estudo da matemática. George Boole foi, no ano de 1844, condecorado com a medalha de ouro da Royal Society pelo seu trabalho sobre cálculo de operadores. Em 1847, publicou um volume sob o título *The Mathematical Analysis of Logic*, em que introduz os conceitos de lógica simbólica, demonstrando que a lógica pode ser representada por equações algébricas. Seu trabalho foi fundamental para a construção e a programação dos computadores.

publicado em 1906. Husserl a considerava uma expressão grosseiramente psicológica, um fenômeno subjetivo, portanto, lançou a seu respeito um aviso importante: "Advertimos agora que a tarefa da fenomenologia, ou antes, o campo das suas tarefas e investigações, não é uma coisa tão trivial como se apenas houvesse que olhar, simplesmente abrir os olhos" (Husserl, 1990, p. 33).

Por seu uso ambíguo, o termo *fenômeno* normalmente ocasiona equívocos, uma vez que o próprio "aparecer" torna-se objeto de investigação; ou seja, o próprio sujeito cognoscível é analisado em relação à sua estrutura de comportamento decorrente da consubstancialidade entre o seu aparecer e o que aparece.

Assim, a fenomenologia tem a pretensão de ser o estudo acerca da **essência das coisas**, uma vez que considera que os fenômenos do mundo devem ser interpretados pela óptica das percepções mentais de cada indivíduo. Disso decorre a importância de se estudar a essência das coisas.

No texto *A ideia da fenomenologia*, publicado em 1907, Husserl apresenta as principais teses que serviram de base para a fase transcendental da filosofia, sobretudo aquela que apresenta o **método fenomenológico**, que influenciou as mais importantes correntes do pensamento do século XX.

Nesse texto, que é resultado das conferências *Cinco lições*, proferidas em Gotinga, no período de 26 de abril a 2 de maio de 1907, Husserl passou, pouco a pouco, a assumir uma posição gnosiológica diferente daquela que sustentava uma fenomenologia psicológica descritiva – a qual dizia respeito ao simples domínio das vivências, sempre do ponto de vista do "eu que vive", referindo-se empiricamente às "objetividades da natureza". O objetivo dele, durante essas cinco lições, foi distinguir a fenomenologia empírica da fenomenologia transcendental.

O esforço para fazer tal diferenciação se deu porque o interesse transcendental não é direcionado para o estabelecimento de verdades para o ser objetivo, tampouco para a ciência. O interesse da fenomenologia transcendental concentra-se na consciência, direcionada para os fenômenos, que devem ser entendidos em seu duplo sentido: no sentido da aparência e no sentido da objetividade, uma vez que todo fenômeno é essencialmente aparência e objetividade.

Assim, podemos afirmar que a fenomenologia foi um método de investigação do real que permeou toda a filosofia do século XX, influenciando-a e alterando-a significativamente. De fato, após Husserl e seu método fenomenológico, os filósofos desenvolveram suas correntes, criticando-o ou negando-o, mas nunca ignorando-o.

5.2 Sartre e a filosofia da existência

O **existencialismo**, ou a filosofia da existência, tem seu início com Søren Kierkegaard, durante o século XIX. Kierkegaard foi um dos raros pensadores cujos dilemas pessoais influenciaram sobremaneira sua forma de pensar. Suas angústias e seus sentimentos em relação ao cristianismo, aliados ao seu desejo pessoal por solidão, conduziram-no a escrever textos com forte conotação pessoal e permeados de sentimentos.

Entretanto, o existencialismo como corrente filosófica desenvolveu-se somente durante a segunda metade do século XX, com o pensamento de Martin Heidegger e Jean-Paul Sartre. A contribuição mais significativa dessa corrente de pensamento decorre de sua ênfase na responsabilidade que o homem tem sobre seu destino e liberdade.

Assim, de acordo com Sartre, a liberdade não é algo que se conquista ou se adquire ao longo da vida; é, antes de mais nada, uma condição da existência humana:

> Com efeito, sou um existente que aprende sua liberdade através de seus atos; mas sou também um existente cuja existência individual e única temporaliza-se como liberdade [...]. Assim, minha liberdade está perpetuamente em questão em meu ser; não se trata de uma qualidade sobreposta ou uma propriedade de minha natureza; é bem precisamente a textura de meu ser. (Sartre, 1998, p. 542-543)

Por isso, podemos afirmar, de acordo com o seu pensamento, que o ser humano é condenado a ser livre e que sua liberdade encontra-se irremediavelmente ligada às escolhas que faz. É nesse sentido que a responsabilidade se insere no âmbito da liberdade, pois, uma vez que o homem faz suas escolhas, ele se torna automaticamente responsável por suas ações – ou, nos dizeres de Saint-Exupéry (2000, p. 66): "Tu te tornas eternamente responsável por aquilo que cativas".

Em sua obra capital, *O ser e o nada*, Sartre aborda a questão da liberdade, mais detidamente na quarta parte (cujo subtítulo é "A condição primordial da ação é a liberdade"). Nesse trecho, ele afirma que a liberdade é uma espécie de fazer que não acontece *a priori*, mas *a posteriori*, no ato, como cumprimento de uma determinada ação, que "é o ato que decide seus fins e móbeis, e o ato é expressão da liberdade" (Sartre, 1998, p. 541).

Assim, toda escolha é um ato de liberdade, pois projeta os anseios e desejos do homem que, por meio dessa escolha, constrói seus valores. Por esse motivo, o ser humano encontra-se condenado a ser livre e a escolher. Mesmo a não escolha constitui, em última instância, uma escolha, ou, segundo o próprio autor, "A escolha é possível num sentido, mas o que não é possível é não escolher" (Sartre, 1973, p. 23).

Ironicamente, a liberdade de um indivíduo é o que lhe permite nadificar[3] o seu ser. Isso acontece porque não é possível conceber o nada fora do ser. Portanto, segundo Sartre, o processo de nadificação conduz ao ser. E quando isso ocorre, estabelece-se um nexo fundamental entre a nadificação e a liberdade. Yazbek (2005, p. 142) esclarece essa relação:

> Em Sartre, a liberdade é precisamente o Ser da consciência: nela, o ser humano é o seu próprio passado – bem como o seu devir – sob a forma de nadificação. Sendo consciência de Ser (liberdade), há para o ser humano um determinado modo de situar-se frente ao passado e ao futuro como sendo e não sendo ambos ao mesmo tempo. A liberdade humana, da perspectiva sartreana, é a escolha irremediável de certos possíveis: o homem não é, mas faz-se. Não há futuro previsível e nem ao menos algumas cartas marcadas de antemão. Há, isso sim, o movimento através do qual o Ser do homem faz-se isso ou aquilo – escolhas que, por seu turno, serão feitas a partir de certas situações, jamais encerradas em algum tipo de determinismo.

---

[3] "Segundo o filósofo francês Jean-Paul Sartre (1905-1980), eliminar ou deixar de lado as infinitas possibilidades que, em decorrência de uma opção livre, deixam de corresponder a um projeto ou intenção da consciência" (Houaiss, 2009). Para você se aprofundar no conceito de *nadificação*, recomendamos a leitura de Rodrigues (2014).

A liberdade permite constituir a razão de ser da consciência, que se confunde com a forma de existir de sua própria realidade. Ao se questionar sobre o nada do seu ser, o homem abre a porta para que o nada passe a existir. Apesar de ter um tom dramático, a filosofia existencialista de Sartre ressalta a possibilidade de mudança fundamentada na liberdade inerente aos seres humanos por meio de suas escolhas.

5.3 Ryle e a filosofia da mente

Apesar de a **ciência cognitiva** ter sido oficialmente reconhecida por volta de 1956, foi somente a partir da década de 1970 que a expressão passou a ser amplamente empregada por cientistas e pesquisadores. Tal ciência é definida como sendo "um esforço contemporâneo, com fundamentação empírica, para responder questões epistemológicas" (Gardner, 2003, p. 19), que se encontram ligadas principalmente à natureza do conhecimento, ou seja, a seus componentes, suas origens e seu desenvolvimento e emprego.

Por um lado, entende-se a ciência cognitiva como sendo o estudo interdisciplinar e científico do pensamento, como pensava, por exemplo, Nubiola (1996). Essa definição, de modo geral, marca o campo de estudo e o modo de abordá-lo. Já para Varela (1996), a ciência cognitiva é o estudo científico moderno do conhecimento em todas as suas dimensões. Pensar na definição de ciência cognitiva dessa forma é pensar em uma ciência muito ampla, que pode ser abordada por diferentes campos do saber, ou seja, é entender que ela permite um estudo interdisciplinar da mente e da inteligência que pode ser abarcado pela psicologia, pela neurociência, pela linguística, pela antropologia e, principalmente, pela filosofia, como afirmou Thagard (2005).

A ciência cognitiva foi criada por meio de uma convergência de interesses de diversas áreas e, por consequência, gerou um estudo da cognição com os mais variados pontos de vista. Podemos afirmar que o aspecto crítico da ciência cognitiva é, antes de tudo, a busca pela compreensão da cognição – seja ela qual for, animal ou mecânica –, sendo seu objetivo compreender os princípios da conduta cognitiva e inteligente. Dessa forma, a ciência cognitiva espera lograr uma melhor compreensão da mente humana, do ensino e aprendizado e das habilidades mentais e cognitivas, bem como o desenvolvimento de mecanismos inteligentes que possam aumentar, de forma construtiva, as capacidades do homem.

Essa ciência encontra seus fundamentos respaldados na representação, mais precisamente na crença, de que se faz necessário postular um nível de análise que está separado da própria ciência, ou seja, um nível de representação. Para Gardner (2003, p. 53), fica claro que um cientista, quando trabalha nesse nível, tramita por "entidades representacionais", como os símbolos, as regras e as imagens, "e, além disso, investiga as formas nas quais estas entidades representacionais são combinadas, transformadas ou contrastadas umas as outras". Esse nível encontra o seu propósito na medida em que se busca explicar as diferentes ações e pensamentos humanos. Seguindo esse raciocínio, podemos afirmar que a atividade cognitiva humana pode ser descrita por meio de esquemas, imagens, ideias e outras representações mentais.

Se a ciência cognitiva tem como objetivo estudar a mente humana e suas capacidades, faz-se necessário, em um primeiro momento, conhecer sua natureza para, assim, decidir qual o melhor método a ser aplicado em tal estudo. É nesse ponto que não há um consenso. As definições sobre a inteligência são distintas, determinadas pela maior ou menor ênfase nos diferentes aspectos de sua capacidade. Gardner (1995), por exemplo, em seu livro *Inteligências múltiplas: a teoria na prática*, afirma que a inteligência não é unitária, uma vez que existem diferentes tipos de inteligência: linguística, lógico-matemática, espacial, musical, dinâmico-corpórea, interpessoal, intrapessoal e naturalista.

O propósito principal da ciência cognitiva é explicar como se pensa, uma vez que o conhecimento consiste em **representações mentais**, as quais, de acordo com Thagard (2005), seriam as formas mentais que temos acerca das coisas que nos rodeiam, a representação do mundo.

No livro *The Concept of Mind*, Gilbert Ryle (1900-1976) direciona sua crítica ao que afirmou ser o dogma cartesiano do fantasma na máquina, mostrando que isso deriva de um erro categorial da linguagem ordinária, o qual consiste em querer colocar a mente na mesma categoria conceitual do ente que se encontra separado do corpo. Dessa forma, o autor apresenta a mente como um misto de disposição e habilidade, que, por consequência, afeta uma série de comportamentos objetivamente controláveis (Ryle, 1951).

Logo no início de seu texto, Ryle afirma que muitos filósofos e cientistas separam o corpo material da mente, justificando que tal divisão se dá porque todo ser humano tem um corpo e uma alma. Essa teoria que, segundo ele, tem Descartes como principal defensor, é descrita como a *Doutrina Oficial*. Entretanto, a representação de corpo e mente, em parte metafórica, esconde uma pretensão filosófica mais profunda: "Supõe-se que há duas espécies diferentes de existência física" (Ryle, 1951, p. 14); ou seja, há um estatuto de existência física e um estatuto da existência mental.

Assim, existe uma oposição mente-corpo que, muitas vezes, apresenta o corpo como localizado em um espaço, junto com os outros objetos materiais, e a mente em um campo isolado, com os acontecimentos mentais, sem uma constituição física. Tal separação provoca extrema dificuldade em saber quais espécies de conhecimentos podem ser alcançados com o funcionamento da mente, uma vez que ela não encontra uma existência física no espaço.

A Doutrina Oficial, descrita por Ryle como absurda (*absurdity*), é apresentada como o *dogma do fantasma na máquina* (*ghost in the machine*). Entretanto, Ryle não a descreve como absurda em seus pormenores. O absurdo se encontra no princípio, ou seja, no argumento principal. Dessa forma, não se trata de um conjunto de erros, mas, antes, de um erro categorial – que consiste em afirmar que os fatos da vida mental pertencem a uma categoria lógica, quando efetivamente pertencem a outra.

Esse erro categorial teve origem em Descartes, que, ao se deparar com os métodos de descoberta científica de Galileu, chegou à conclusão de que as palavras de conduta mental não devem ser interpretadas como a ocorrência de processos mecânicos, mas, pelo contrário, como processos não mecânicos. Isso porque as leis mecânicas explicam movimentos no espaço como resultado de outros movimentos; portanto, outras leis devem explicar o funcionamento não espacial das mentes como sendo efeito de outros funcionamentos não espaciais das próprias mentes (Ryle, 1951).

Dessa forma, separa-se o físico e o mental, ambos representados na categoria de "coisas" (em latim, *res*). Assim, as diferenças entre ambas as *res* eram apresentadas como diferenças dentro do quadro das categorias. As mentes são *res*, como os corpos físicos; entretanto, são de espécies diferentes. Descartes as representou como sendo *res cogitans*, a coisa pensante, intelectual, mental, e a *res extensa*, a coisa física, o corpo material.

O dogma do fantasma na máquina afirma que existem corpos e mentes, "que se produzem processos físicos e processos mentais; que há causas mecânicas dos movimentos corporais e causas mentais dos movimentos corporais" (Ryle, 1951, p. 23), o que, para Ryle, é um absurdo, pois dizer que existem processos físicos não significa o mesmo que afirmar que existem processos mentais. Nesse sentido, a afirmação torna-se absurda.

Com sua teoria, Ryle tentou demonstrar duas coisas. A primeira consistiu na dissipação do contraste entre mente e matéria, pois, segundo sua argumentação, a "crença de que há uma oposição diametral entre Mente e Matéria vem da crença de que são termos tipo lógico" (Ryle, 1951, p. 23). A segunda é que tanto o idealismo quanto o materialismo são respostas a uma pergunta equivocada, pois "a 'redução' do mundo material a estados e processos mentais, assim como a 'redução' dos estados e processos mentais a estados e processos físicos, pressupõe a legitimidade da disjunção" (Ryle, 1951, p. 24).

Assim como Ryle direcionou sua crítica, em suma, apresentou a mente como um misto de disposição e de habilidade, o que afeta uma série de comportamentos objetivamente controláveis. Por esse motivo, tal concepção geralmente é apresentada como sendo uma forma de comportamentalismo.

5.4 Hans Jonas: da técnica à ética

As **reflexões éticas**, a partir da segunda metade do século XX, sofreram profundas mudanças, acarretando uma nova forma de agir. Na origem dessas reflexões, encontra-se o filósofo alemão Hans Jonas que, com a publicação de seu livro *The Phenomenon of Life: Toward a Philosophical Biology*, em 1966, inaugurou não só um novo modo de conceber a ética, mas uma nova forma de fazer filosofia.

A obra de Jonas, ao se afastar significativamente do pensamento neopositivista – que, por essência, era analítico –, voltou-se para temas contemporâneos relevantes, trazendo à tona temas há muito esquecidos. Apesar de ainda hoje a obra jonasiana despertar muitas críticas, expôs, de forma clara, a urgência de se discutir problemas éticos e ambientais. Foi isso, de certa forma, que a projetou no cenário mundial.

Se, ao longo do século XX, o tema *ética* ficou restrito às disciplinas acadêmicas dos cursos de Filosofia, a partir das publicações de Jonas, mais especificamente do texto *Technik, Medizin und Ethik: Zur Praxis des Prinzips Verantwortung*, em 1985, a ética deixou de ser apenas uma disciplina acadêmica para perpassar quase todas as áreas que se dedicam ao estudo dos principais problemas éticos no campo do fazer e do agir. Atualmente, é praticamente obrigatório, em qualquer manual de ética, dedicar um espaço para as reflexões jonasianas.

Entretanto, salientamos que a problemática discutida por Jonas não é nova, uma vez que o agir do ser humano compõe a própria história da humanidade, desde a origem do pensamento até os dias atuais. Portanto, o ineditismo do pensamento jonasiano recai não em sua problemática, mas na forma como respondeu aos problemas, os quais, segundo ele, são urgentes e precisam de ações rápidas.

Jonas constatou que a natureza do agir humano foi progressivamente ampliada pelos empreendimentos da técnica moderna, responsáveis por alçar a espécie a um degrau mais elevado, o que fez a humanidade crer que todos os seus esforços deveriam se concentrar na técnica e em seu melhoramento, caminhando, assim, para feitos cada vez maiores. Desse modo, a ética jonasiana leva em consideração não só os princípios das ações, mas suas consequências, sem ser, no entanto, utilitarista. As obrigações que se impõem à experiência humana, decorrentes de seu maior grau de liberdade, atribuem ao ser humano o dever de assumir uma responsabilidade perante o futuro da humanidade e da vida como princípio.

Nesse sentido, o conceito de ética, apresentado por Jonas em seu texto *O princípio responsabilidade*: **ensaio de uma ética para a civilização tecnológica**, não recebe uma abordagem individual, pois se trata de uma tentativa de fundamentar a ética da civilização tecnológica. Tal posição é adotada porque, segundo Jonas (2006), as ações individuais interferem no âmbito coletivo. Ninguém tem o direito de se lançar em um empreendimento colocando em risco os interesses coletivos. A humanidade não tem o direito ao suicídio da espécie; a existência do ser humano não pode ser objeto de aposta.

A ética proposta por Jonas, contudo, não é contrária ao conceito tradicional, em que a reciprocidade é o elemento central. Todavia, a ideia de reciprocidade não pode ser aplicada à ética jonasiana, pois esta se refere ao futuro, tratando de algo que ainda não é. Portanto, de maneira independente tanto da ideia de um direito quanto da ideia de reciprocidade, Jonas (2006, p. 89) ao tratar de seus objetivos, ressalta que: "o meu dever é a imagem refletida do dever alheio, que por seu turno é visto como imagem e semelhança de meu próprio dever;

de modo que, uma vez estabelecidos certos direitos do outro, também se estabelece o dever de respeitá-los e, se possível, promovê-los".

Seu imperativo ético, da responsabilidade, não se restringe ao fato de milhares de plantas, peixes e animais estarem em extinção, nem mesmo de o planeta estar sendo destruído como um todo. O desenvolvimento de sua ética da responsabilidade está diretamente ligado à morte em sua essência, aquela que é o resultado da desconstrução-reconstrução tecnológica do ambiente e do homem. Com o advento da ciência contemporânea e a associação das pesquisas a seus resultados práticos, chega-se a uma forma de poder e, por conseguinte, surge uma nova configuração da própria ciência, que produz um saber devastador, o qual contraria toda ética humana.

5.5 Leitura e produção de texto na atualidade

A marca principal da filosofia atual é a **pluralidade de ideias e a aproximação dos ideais científicos**. Dessa forma, atualmente, ler, compreender e escrever textos em filosofia exige do estudante, e até mesmo do pesquisador, a especialização em uma área do conhecimento, em virtude do nível elevado de especificidade adotado pelas correntes filosóficas em determinados campos do saber.

Por isso, é importante, ao se identificar com um campo do saber, explorá-lo de forma completa e aprofundada. Além disso, a fluência em ao menos uma língua estrangeira moderna é imprescindível para que se tenha acesso ao capital cultural mundial. Em razão da emergência da rede mundial de computadores e do avanço dos bancos de dados, hoje se tem, mais do que nunca, uma quantidade considerável de informações à disposição dos usuários – as quais, muitas vezes, exigem o conhecimento de outros idiomas.

Os modos de fazer e produzir filosofia na atualidade adquirem novas formas e significados, potencializados pela internet. Não há mais apenas uma forma de se produzir conhecimento filosófico. Ao contrário, a produção de tal conhecimento tem se dado de maneira plural. Enquanto a tecnologia da informação continuar em expansão, outros campos e espaços serão criados, propiciando, dessa forma, que o conhecimento seja produzido e apreendido de maneiras ainda inimagináveis.

Síntese

A abordagem da filosofia contemporânea, que tem seu início com a morte de Nietzsche e a publicação das investigações filosóficas de Husserl, foi essencial para que salientássemos, por meio da apresentação das principais correntes filosóficas e de seus colaboradores, o caráter e a importância da produção filosófica atual. Além disso, evidenciamos que, para se produzir ou apreender a escrita filosófica, é imprescindível o aprofundamento em temas específicos. Em outras palavras, o pesquisador que deseja versar sobre determinado tema filosófico deve, necessariamente, especializar-se e ser conhecedor das ferramentas necessárias para apreendê-lo, de forma a contemplar a crescente atualização dos sistemas de informação.

Indicações culturais

Filmes

GATTACA. Direção: Andrew Niccol. Estados Unidos: Columbia Pictures, 1997. 106 min.

O filme aborda uma questão ética importante: Temos o direito de interferir na liberdade das gerações futuras? A história se passa em um futuro distante, no qual os seres humanos são modificados geneticamente, o que gera uma separação entre os geneticamente modificados e os que são gerados naturalmente.

A ILHA. Direção: Michael Bay. Estados Unidos: Warner Bros., 2005. 136 min.

O filme se passa em um cenário futurístico do século XXI, no qual seres humanos são clonados para terem seus órgãos retirados e utilizados pelos seus criadores. Desse modo, a obra esbarra em questões éticas muito interessantes, como clonagem, transplante de órgãos e o direito à vida.

Livro

London, J. **O lobo do mar.** São Paulo: Nacional, 1954.

O livro conta a história do capitão Wolf Larsen em sua escuna Ghost. O náufrago Humphrey van Weyden é resgatado por Wolf, que o obriga a fazer parte de sua tripulação e a sofrer todo tipo de ameaças e abusos. *O lobo do mar* é uma reflexão sobre os conceitos de bem e mal, sobre o niilismo e os determinismos darwinianos da vida e da condição humana.

Atividades de autoavaliação

1. O existencialismo, apresentado por Sartre, tem como característica principal a ênfase:

    a) nas formações pessoal e acadêmica.

    b) na liberdade e na responsabilidade.

    c) no niilismo.

    d) na existência consciente do ser.

2. A ciência cognitiva tem como objetivo principal:
   a) a busca pela compreensão da cognição.
   b) a interpretação da cognição em seu aspecto físico.
   c) o entendimento do que realmente acontece no ato da fala.
   d) a análise dos diversos aspectos do cérebro e sua relação com o corpo.

3. Hans Jonas, ao discutir a relação entre o ser humano e suas ações, definiu as bases para uma nova ética, a qual tem como um de seus objetivos:
   a) abordar as ações individuais em prol do coletivo.
   b) criar regras para orientar as ações humanas na sociedade.
   c) tentar fundamentar uma ética da civilização tecnológica.
   d) organizar a ética tradicional, estabelecendo parâmetros para que ela possa ser analisada.

4. Ryle apontou um problema na teoria de Descartes. Essa crítica ficou conhecida como:
   a) o problema cartesiano dos pontos.
   b) o dogma do fantasma na máquina.
   c) a crítica ao pensamento racional.
   d) o problema do racionalismo.

5. A palavra *fenômeno* deriva do grego antigo *phainesthai*. Muitas vezes, era usada pelos gregos para designar o próprio aparecer, significando "o que aparece" ou "aquilo que se mostra". Diante disso, a fenomenologia tem como pretensão:
   a) ser o estudo acerca da essência das coisas.
   b) ser uma análise das coisas e dos fenômenos.

c) ser uma teoria sobre as coisas e suas origens.

d) ser uma metaciência e buscar a distinção entre fenômeno e realidade.

Atividades de aprendizagem

Questões para reflexão

1. Ryle direcionou sua crítica ao que afirmou ser o *dogma cartesiano do fantasma na máquina*, mostrando que isso deriva de um erro categorial da linguagem ordinária, que consiste em querer colocar a mente na mesma categoria conceitual do ente que se encontra separado do corpo. Com base nessa afirmação, estabeleça um paralelo entre a crítica de Ryle e a programação televisiva.

2. Explique, com exemplos, como a fenomenologia foi um método de investigação do real que permeou toda a filosofia do século XX, influenciando-a e alterando-a significativamente.

Atividade aplicada: prática

Procure exemplos, *cases*, em jornais e revistas, de problemas éticos relacionados à teoria jonasiana. Em seguida, desenvolva um texto comentando-os e explicando-os.

VI

Textos escolhidos

O estudo que desenvolveremos neste capítulo contempla uma prática que envolve a leitura e a produção de textos filosóficos, de autores abordados nos capítulos anteriores, que forneceram o desenvolvimento de uma ideia sobre o pensamento filosófico de acordo com os períodos históricos. Desse modo, nossa proposta é analisar textos filosóficos de diferentes períodos com a finalidade de fomentar o estudo da filosofia e desenvolver e aprimorar a leitura que, a partir deste momento, potencializa a escrita dos textos.

6.1 Aristóteles e a virtude

A seguir, será feita uma análise de um texto do grande filósofo Aristóteles [ca. 384 a.C.-322 a.C.], que faz parte da obra *Ética a Nicômaco*, escrita para o seu filho. Embora tenha essa particularidade, essa obra ainda tem repercussão nos dias atuais. Para maior compreensão do texto e do pensamento de Aristóteles, é preciso entender o contexto em que este filósofo pensou e escreveu – compreensão necessária para potencializar a percepção sobre o tema que encerra.

Devemos considerar agora o que é a virtude. Visto que na alma se encontram três espécies de coisas – paixões, faculdades e disposições de caráter –, a virtude deve pertencer a uma destas. Por paixões entendo os apetites, a cólera, o medo, a audácia, a inveja, a alegria, a amizade, o ódio, o desejo, a emulação, a compaixão, e em geral os sentimentos que são acompanhados de prazer ou dor; por faculdades, as coisas em virtude das quais se diz que somos capazes de sentir tudo isso, ou seja, de nos irarmos, de magoar-nos, ou compadecer-nos; por disposições de caráter, as coisas em virtude das quais nossa posição com referência às paixões é boa ou má. Por exemplo, com referência à cólera, nossa posição é má se a sentimos de modo violento ou demasiado fraco, e boa se a sentimos moderadamente; e da mesma forma no que se relaciona com as outras paixões.

Ora, nem as virtudes nem os vícios são **paixões**, porque ninguém nos chama bons ou maus devido às nossas virtudes ou vícios, e porque não somos louvados nem censurados por causa de nossas paixões (o homem que sente medo ou cólera não é louvado, nem é censurado); mas pelas nossas virtudes e vícios somos efetivamente louvados e censurados.

Por outro lado, sentimos cólera e medo sem nenhuma escolha de nossa parte, mas as virtudes são modalidades de escolha, ou envolvem escolha. Além disso, com respeito às paixões se diz que somos movidos, mas com respeito às virtudes e aos vícios não se diz que somos movidos, e sim que temos tal ou tal disposição.

Por estas mesmas razões, também não são faculdades, portanto ninguém nos chama bons ou maus, nem nos louva ou censura pela simples capacidade de sentir as paixões. Acresce que possuímos as faculdades por natureza, mas não nos tornamos bons ou maus por natureza. Já falamos disto acima.

Por conseguinte, se as virtudes não são paixões nem faculdades, só resta uma alternativa: a de que seja disposições de caráter.

Mostramos, assim, o que é a virtude com respeito ao seu gênero.

Fonte: Aristóteles, 1973, p. 271-272, grifo do original.

O texto de Aristóteles trata da **virtude**, de forma a considerar como é composta a alma humana. Aborda, primeiramente, as paixões, que são sentimentos, bons ou maus, dos quais os homens são dotados. Tanto um quanto o outro são sentimentos que se manifestam no ser humano, sendo que, em alguns, os sentimentos nobres se apresentam em maior proporção, ao passo que, em outros, as paixões propensas ao mal se manifestam de forma mais intensa.

São as faculdades que nos levam a sentir ou a manifestar os sentimentos, como a raiva, a ira e a compaixão. Desse modo, podemos pressupor que essas características são parte da alma humana, e o que distingue os homens é o caráter, que é a parte da alma que conduz o homem a buscar o equilíbrio entre suas paixões e faculdades.

Assim, o caráter leva o homem a fazer a distinção entre aquilo que é bom e aquilo que é mau, o que o faz buscar a equidade sobre suas paixões e faculdades, com a finalidade de melhorar sua condição e superar a inclinação ao vício. Entre a virtude e o vício, há a escolha. Embora as paixões sejam da natureza do homem, o fato de ele ser bom ou mau não é de sua natureza, mas simplesmente uma **escolha**. As paixões, quando a serviço do mal, conduzem ao vício, quando voltadas para o bem, à virtude.

6.2 Santo Agostinho e o pensamento cristão

O texto apresentado seguir é parte das *Confissões*, de Santo Agostinho (354-430), uma das mais relevantes obras do período e do filósofo. Santo Agostinho teve a sua vida marcada por duas fases: antes e depois de sua conversão. Antes de se converter, Agostinho era dado aos prazeres da vida mundana. Depois, ele passou a se dedicar intensamente à vida voltada para Deus e à obra do criador. Além de deixar um legado intelectual profundo para o pensamento cristão, também foi bispo de Hipona.

Em relação à leitura e à produção de textos, sugerimos a realização de uma pesquisa para buscar informações sobre a vida e a obra de Santo Agostinho.

A ignorância humana – Vós, senhor, podeis julgar-me, porque ninguém "conhece o que se passa num homem, senão o seu espírito, que nele reside"[i]. Há porém, coisas no homem que nem sequer o espírito que nele habita conhece. Mas, Vós, Senhor, que o criastes, sabeis todas as suas coisas. Eu, ainda que diante de Vós me despreze e me tenha na conta de terra e cinza, sei de Vós algumas coisas que não conheço de mim. "Nós agora vemos como por um espelho, em enigma, e não ainda face a face"[ii]. Por isso, enquanto peregrino longe de Vós, estou mais presente a mim do que a Vós. Sei que em nada podeis ser prejudicado, mas ignoro a que tentações posso ou não posso resistir. Todavia, tenho esperança, porque sois fiel e não permitis que sejamos tentados acima das próprias forças. Com a tentação, dais-nos também os meios para a podermos suportar[iii]. Confessarei, pois, o que sei de mim, e confessarei também o que de mim ignoro, pois o que sei de mim, só o sei porque Vós me iluminais; e o que ignoro, ignorá-lo-ei somente enquanto as minhas trevas se não transformarem em meio-dia, na vossa esperança[iv].

i   I Coríntios, 2: 11.
ii I Coríntios, 13: 12.
iii I Coríntios, 10: 13.
iv Isaías, 58: 10.

Fonte: Adaptado de Agostinho, 1973, p. 197-198, grifo do original.

O pensamento de Santo Agostinho está voltado a uma **perspectiva teológica**, ou seja, embora ele tenha se utilizado da reflexão filosófica, suas ideias são permeadas por uma perspectiva cristã. Por meio dela, Santo Agostinho revela a profundeza de sua conversão e de sua fé, que o faz afirmar que aquilo que ele conhece vem de Deus e está em Deus. Portanto, para ele, aquilo que o homem conhece é por força do criador – este criou o homem e todas as criaturas. Assim, embora exista a força humana e sua capacidade de pensar, tais condições vêm de Deus.

Para Agostinho, o homem busca suas forças em Deus. É por meio do divino que ele terá meios para conhecer a si e ao mundo e suportar as tentações às quais está exposto. A postura do homem de fé diante de Deus deve ser de humildade e de esperança, condições que intensificam a fé. A obra *Confissões* foi escrita por Santo Agostinho após a sua conversão, em um momento em que ele se deparou com o fato de algumas de suas ações não agradarem a Deus. Diante de tal constatação e de sua conversão, ele manifestou a alegria de ter superado essa condição, o que só foi possível porque encontrou Deus.

A fé de Santo Agostinho e os seus escritos tiveram papel relevante na construção das ideias cristãs no Ocidente, sendo ele um referencial do pensamento medieval e, de modo geral, do pensamento cristão.

6.3 Maquiavel e a ciência política

O texto a seguir foi extraído de *O príncipe*, obra de Maquiavel (1469-1527), considerado o fundador da ciência política. Suas ideias contribuíram significativamente para a compreensão da vida política desde sua época até os dias atuais. Os escritos maquiavelianos são a síntese de sua atividade política, dos fatos históricos e da política de sua época. Por isso, é essencial a realização de uma pesquisa sobre o contexto histórico em que o autor desenvolveu seu pensamento.

Quando um cidadão se torna príncipe de seu país através do favorecimento dos concidadãos que são partidários dele, e não por meio de crueldades ou qualquer outra intolerável violência, temos o que pode ser chamado de principado civil. Para chegar a príncipe, esse cidadão não depende totalmente nem de sua competência, nem de ser favorecido pela sorte; ele precisa sobretudo ter uma astúcia afortunada.

Para tornar-se chefe de um principado civil, é necessário ou o favorecimento do povo ou o dos poderosos. Em todas as cidades há essas duas tendências diversas, devido ao fato de que o povo não deseja ser governado nem oprimido pelos poderosos e de que estes desejam governar oprimindo o povo. Desses dois apetites diferentes, nasce nas cidades um destes três efeitos: governo, liberdade ou desordem.

O governo é estabelecido ou pelo povo ou pelos grandes. Isso depende da oportunidade que [sic] cada um desses partidos. Os grandes, percebendo que não podem resistir ao povo, prestigiam um dentre eles e o fazem príncipe, para que, sob a sombra deste, possam satisfazer seus apetites. Os do povo também, vendo que não podem resistir aos grandes, dão prestígio a alguém que elegem príncipe para que com essa autoridade os defenda. Aquele que chega a príncipe com a ajuda dos poderosos e se mantém com mais dificuldade do que aquele que é eleito pelo povo. O eleito pelos poderosos fica rodeado por muitos elementos que se consideram seus iguais e não pode dirigi-los nem dar as ordens que deseja; em contrapartida, o que se torna príncipe através do povo fica isolado, ou não tendo ninguém ao seu lado ou tendo alguns poucos despreparados para obedecer as ordens dele. Não é possível verdadeiramente satisfazer a vontade dos poderosos sem causar injúria aos outros, mas o povo pode ser satisfeito; o objetivo do povo é mais honesto do que o objetivo dos poderosos; estes querem oprimir; o povo deseja não ser oprimido. Contra a hostilidade dos do povo, o príncipe não pode garantir-se nunca, porque são muitos, mas é possível garantir-se contra os poderosos, por que são poucos. O pior que um príncipe pode esperar da hostilidade do povo é que este o abandone, mas da inimizade dos grandes deve temer que, além de abandoná-lo, eles o ataquem; eles enxergam mais longe, são mais astuciosos, sempre têm suas salvaguardas e no jogo de forças procuram aproximar-se do provável vitorioso. O príncipe precisa sempre assegurar os apoios do povo, mas, quanto aos apoios dos poderosos, ele pode, a qualquer momento e à sua própria vontade, dar ou retirar poder deles, fazendo com que ganhem ou percam prestígio.

Fonte: Maquiavel, 2002, p. 165-166.

No trecho, Maquiavel discorre sobre o estado civil conquistado pelo príncipe com a ajuda do povo, o qual, por meio de sua vontade, legitima o poder do governante. O fato de o poder do governante ser legítimo conduz o povo a ter esperança de que aquele governará para protegê-lo, e não oprimi-lo. Nessa condição, cabe ao príncipe buscar o equilíbrio em suas ações, as quais não podem deixar o povo descontente, tampouco contrariar em demasia os poderosos. Somente desse modo o governante é capaz de empreender um governo que defenda a liberdade e evite a desordem.

De acordo com o pensador florentino, o príncipe pode ser levado ao poder com o apoio dos grandes ou do povo. Essa condição é circunstancial pois nem sempre os poderosos ou o povo conseguem conduzir alguém do seu grupo ao poder. Para governar e se manter no poder, há a necessidade de satisfazer minimamente os interesses das principais forças. Por isso, os poderosos e o povo devem chegar a um consenso – equilíbrio que define o estado civil.

De qualquer modo, o governo e a manutenção do poder são desafios contínuos para o governante. Se conduzido ao poder pelos poderosos, terá dificuldade em governar, uma vez que esse grupo acredita estar em posição de igualdade, portanto será resistente a cumprir ordens e reticente quando seus interesses não forem satisfeitos. Se conquistou o poder somente com a ajuda do povo, também terá dificuldade em governar, uma vez que será desconsiderado pelos poderosos, os quais declaradamente tornar-se-ão seus inimigos, restando poucas pessoas capacitadas para auxiliá-lo.

Por esse motivo, o governante deve ponderar os interesses dessas duas esferas, evitando a abnegação do povo e considerando os interesses dos poderosos. De todo modo, sendo suas aspirações mais honestas que as dos poderosos, para manter sua atenção e apoio, uma vez que eles o fortalecem politicamente, o príncipe deverá estar atento ao povo, conforme aponta Maquiavel. Nesse contexto, a principal característica de um governo civil é aspirar ao **equilíbrio das forças (poderosos e povo)**, proporcionando espaço para ambas, o que evitará inimigos em escala e fortalecerá o governo.

6.4 Thomas Hobbes e a liberdade do homem

Thomas Hobbes (1588-1679) foi um filósofo inglês que viveu no período moderno, em que a razão e a ênfase no pensamento científico tiveram grande relevância, assim como as reflexões sobre o Estado e as formas de governo. O texto a seguir foi extraído da obra *Leviatã* e versa sobre a liberdade. Para compreendê-lo adequadamente, é fundamental que o leitor faça uma busca sobre o contexto de vida do autor e suas características.

Liberdade significa, em sentido próprio, a ausência de oposição (entendo por oposição os impedimentos externos do movimento); e não se aplica menos às criaturas irracionais e inanimadas do que às racionais. Porque de tudo o que estiver amarrado ou envolvido de modo a não poder mover-se senão dentro de um certo espaço, sendo esse espaço determinado pela oposição de algum corpo externo, dizemos que não tem liberdade de ir mais além. E o mesmo se passa com todas as criaturas vivas, quando se encontram presas ou limitadas por paredes ou cadeias; e também das águas, quando são contidas por diques ou canais, e se assim não fosse se espalhariam por um espaço maior, costumamos dizer que não têm a liberdade de se mover da maneira que fariam se não fossem esses impedimentos externos. Mas quando o que impede o movimento faz parte da constituição da própria coisa não costumamos dizer que ela não tem liberdade, mas que lhe falta o poder de se mover; como quando uma pedra está parada, ou um homem se encontra amarrado ao leito da doença.

Conformemente a este significado próprio e geralmente aceite da palavra, *um homem livre é aquele que, naquelas coisas que graças a sua força e engenho é capaz de fazer, não é impedido de fazer o que tem vontade de fazer.* Mas sempre que as palavras *livre* e *liberdade* são aplicadas a qualquer coisa que não é um corpo, há um abuso de linguagem; porque o que não se encontra sujeito ao movimento não se encontra sujeito a impedimentos. Portanto, quando se diz, por exemplo, que o caminho está livre, não se está indicando qualquer liberdade do caminho, e sim daqueles que por ele caminham sem parar. E quando dizemos que uma doação é livre, não se está indicando qualquer liberdade da doação, e sim do doador, que não é obrigado a fazê-la por qualquer lei ou pacto. Assim, quando *falamos livremente*, não se trata da liberdade da voz, ou da pronúncia, e sim do homem ao qual nenhuma lei obrigou a falar de maneira. Por último, em relação ao uso da expressão e ao livre arbítrio, não é possível inferir qualquer liberdade da vontade, do desejo ou da inclinação, mas apenas a liberdade do homem – a qual consiste no fato de ele não se deparar com entraves ao fazer aquilo que tem vontade, desejo ou inclinação.

O medo e a liberdade são compatíveis. Quando alguém atira seus bens ao mar com *medo* de fazer afundar seu barco, e, apesar disso, o faz por vontade própria, trata-se da ação de alguém que é livre. Assim também às vezes só se pagam as dívidas com *medo* de ser preso, o que, como ninguém impede a abstenção do ato, constitui o ato de uma pessoa em *liberdade*. De maneira geral, todos os atos praticados pelos homens no Estado, por *medo* da lei, são ações cujos autores têm a *liberdade* de não praticar.

A liberdade e a necessidade também são compatíveis. Assim como as águas não têm apenas a liberdade, mas também a necessidade de descer pelo canal, as ações que os homens voluntariamente praticam, dado que são fruto de sua vontade, derivam da liberdade. Ao mesmo tempo, dado que os atos da vontade de todo homem, assim como todo desejo e inclinação, derivam de alguma causa – e essa de uma outra causa, em uma cadeia contínua cujo primeiro elo está na mão de Deus, a primeira de todas as causas –, elas derivam também da *necessidade*. De modo tal que, para quem pudesse ver a conexão entre essas causas, a necessidade de todas as ações voluntárias dos homens pareceria manifesta. Portanto, Deus, que vê e dispõe de todas as coisas, vê também que a liberdade que o homem tem de fazer o que quer é acompanhada pela necessidade de fazer aquilo que Deus quer. Embora os homens possam fazer muitas coisas que Deus não ordenou, e das quais portanto não é autor, não lhes é possível ter paixão por nada que não seja a vontade de Deus a causa. E se acaso sua vontade não garantisse a necessidade da vontade do homem, e consequentemente de tudo o que depende da vontade do homem, a *liberdade* dos homens seria uma contradição e um impedimento à onipotência e *liberdade* de Deus. E isto é suficiente (quanto ao assunto em pauta) sobre aquela liberdade natural que é a única propriamente chamada *liberdade*.

Fonte: Hobbes, 1983, p. 129-130, grifo do original.

O texto de Hobbes discorre sobre a liberdade. Em um primeiro momento, o filósofo trata da ideia de liberdade de modo geral, referindo-se a ela no sentido tanto do homem quanto das coisas. No caso do homem, quando se encontra impedido de "ir e vir", em uma prisão ou mesmo no leito por conta de uma doença, a noção de liberdade está associada à ideia de impedimento de movimento – o que se aplica também a outras coisas de modo geral, tais como a água.

A liberdade do homem é percebida por Hobbes como sendo a ausência de impedimentos para que ele possa manifestar a sua vontade de fazer e se expressar. Portanto, não há restrição para o homem agir – embora considere suas condições, ele agirá com liberdade e utilizar-se-á do livre arbítrio para expressar sua vontade e as ações desejadas.

Embora o homem seja livre, ele também se depara com o medo – o medo e a liberdade, nesse sentido, são equivalentes. Ao mesmo tempo que o homem tem a liberdade de empreender um determinado ato, ele sabe que poderá ter consequências ruins. No caso do não cumprimento da lei, poderá incorrer em sanções como multas ou a prisão. Mesmo que tenha a liberdade de não observar a lei, ele irá observá-la em função do medo de possivelmente receber alguma punição.

A liberdade e a necessidade são compatíveis para Hobbes porque o homem é levado à ação em decorrência da necessidade. Os atos dos homens têm uma causa, a qual, por sua vez, tem outra causa e assim por diante, até chegar à causa primeira que, para o filósofo, é Deus. Assim, a liberdade do homem em fazer as coisas diz respeito à necessidade de fazer o que Deus quer. A vontade de Deus é a garantia da necessidade da vontade do homem, o que lhe permite exercer a condição de liberdade por natureza.

6.5 Descartes e o racionalismo cartesiano

O texto a seguir foi retirado da obra *Discurso do método*, do filósofo e matemático René Descartes (1596-1650), pensador moderno e defensor do racionalismo. Para ele, o uso da **razão** é o meio que deve ser utilizado para se conhecer a realidade. É a condição de ser pensante do homem que o leva a construir o conhecimento sobre a realidade. Para aprofundar a compreensão das ideias de Descartes, é imprescindível a realização de uma pesquisa sobre o contexto histórico em que esse filósofo desenvolveu suas ideias.

De há muito observara que, quanto aos costumes, é necessário às vezes seguir opiniões, que sabemos serem muito incertas, tal como se fossem indubitáveis, como já foi dito acima; mas, por desejar-me então ocupar-se somente com a pesquisa da verdade, pensei que era necessário agir exatamente ao contrário, e rejeitar como absolutamente falso tudo aquilo em que pudesse imaginar a menor dúvida, a fim de ver se, após isso, não restaria algo em meu crédito, que fosse inteiramente indubitável. Assim, porque os nossos sentidos nos enganam às vezes, quis supor que não havia coisa alguma que fosse tal como eles nos fazem imaginar.

E, porque há homens que se equivocam ao raciocinar, mesmo no tocante às mais simples matérias de Geometria, e cometem aí paralogismos, rejeitei como falsas, julgando que estava sujeito a falhar como qualquer outro, todas as razões que eu tomara até então por demonstrações. E enfim, considerando que todos os mesmos pensamentos que temos quando despertos nos podem também ocorrer quando dormimos, sem que haja nenhum, nesse caso, que seja verdadeiro, resolvi fazer de conta que todas as coisas que até então haviam entrado no meu espírito não eram mais verdadeiras que as ilusões dos meus olhos. Mas, logo em seguida, adverti que, enquanto eu queria assim pensar que tudo era falso, cumpria necessariamente que eu, que pensava, fosse alguma coisa. E, notando que esta verdade: *eu penso, logo existo*, era tão firme e tão certa que todas as mais extravagantes suposições dos céticos não seriam capazes de a abalar, julguei que podia aceitá-la, sem escrúpulo, como o primeiro princípio da filosofia que procurava.

Depois, examinando com atenção o que eu era, vendo que podia supor que não tinha corpo algum e que não havia qualquer mundo, ou qualquer lugar onde eu existisse, mas que nem por isso podia supor que não existia; e que, ao contrário, pelo fato mesmo de eu pensar em duvidar da verdade das outras coisas seguia-se mui evidente e mui certamente que eu existia; ao passo que, se apenas houvesse cessado de pensar, embora tudo o mais que alguma vez imaginara fosse verdadeiro, já não teria qualquer razão de crer que eu tivesse existido; compreendi por aí que era uma substância cuja essência ou natureza consiste apenas no pensar, e que, para ser, não necessita de nenhum lugar, nem depende de qualquer coisa material. De sorte que esse eu, isto é, a alma pela qual sou o que sou, é inteiramente distinta do corpo e, mesmo, que é mais fácil de conhecer do que ele, e, ainda que este nada fosse, ela não deixaria de ser tudo o que é. Depois disso, considerei em geral o que é necessário a uma proposição para ser verdadeira e certa; pois, como acabava de encontrar uma que eu sabia ser exatamente assim, pensei que devia saber também em que consiste essa certeza. E, tendo notado que não há no *eu penso, logo existo*, que me assegure de que digo a verdade, exceto que vejo muito claramente que, para pensar, é preciso existir, julguei poder tomar por regra geral que as coisas que concebemos mui clara e mui distintamente são todas verdadeiras, havendo apenas alguma dificuldade em notar bem quais são as que concebemos distintamente.

Fonte: Descartes, 1996, p. 91-93, grifo do original.

Nesse texto, Descartes aborda o seu método – a **dúvida**, ou seja, não aceitar aquilo do qual não se possa ter certeza absoluta de que seja verdadeiro, que é o ponto de partida para desenvolver a percepção do objeto ou da realidade. De acordo com o pensamento cartesiano, os sentidos nos enganam e os homens costumam se equivocar com raciocínios simples. Desse modo, o método de Descartes consiste em buscar elementos que permitam a eliminação da dúvida com o intuito de se chegar à verdade.

A primeira certeza a que ele chega pode ser verificada em sua famosa frase: "Penso, logo existo". Ele não tem dúvida de que pensa e existe. Tal constatação é a mais sólida verdade, sobre a qual nenhum cético poderia duvidar. Apesar dessa certeza, a dúvida metódica segue intensa no pensamento de Descartes. Embora aceite sua existência, ele distingue: o existir está voltado à alma que é distinta do corpo, sendo a alma a capacidade de se utilizar da razão e alcançar a certeza.

A constatação de que para pensar é preciso existir é clara e distinta, portanto, verdadeira. Desse modo, tomando como regra geral essa verdade, o filósofo conclui que as ideias que são claras e distintas podem ser entendidas como verdades, embora seja necessário ter a ciência da dificuldade – o que nos remete à dúvida – de abstrair ideias em relação aos objetos de forma clara e distinta e, portanto, verdadeira.

6.6 Rosseau e a vida em sociedade

O texto a seguir é parte da obra *Do contrato social*, do filósofo Jean-Jacques Rousseau (1712-1778), que nasceu em Genebra, na Suíça, e posteriormente se mudou para a França. Rousseau defendeu a liberdade e os valores do homem em estado de natureza e criticou as injustiças da sociedade chamada *civilizada*. As ideias dele contribuíram para fomentar os ideais da Revolução Francesa, uma vez que, de modo geral, estavam a favor da liberdade da parcela menos favorecida da sociedade. Para maior compreensão do pensamento desse filósofo, sugerimos a realização de uma pesquisa sobre a época em que ele viveu e o contexto de produção de sua obra.

DO ESTADO CIVIL – A passagem do estado de natureza para o estado civil determina ao homem uma mudança muito notável, substituindo na sua conduta o instinto pela justiça e dando às suas ações a moralidade que antes lhes faltava. É só então que, tomando a voz do dever o lugar do impulso físico, e o direito o lugar do apetite, o homem vê-se forçado a agir baseando-se em outros princípios e a consultar a razão antes de ouvir suas inclinações. Embora nesse estado se prive de muitas vantagens que frui da natureza, ganha outras de igual monta: suas faculdades se exercem e se desenvolvem, suas ideias se alargam, seus sentimentos se enobrecem, toda a sua alma se eleva a tal ponto, que, se os abusos, dessa nova condição não o degradassem frequentemente a uma condição inferior àquela donde saiu, deveria sem cessar bendizer o instante feliz que dela o arrancou para sempre e fez, de um animal estúpido e limitado, um ser inteligente e um homem.

Reduzamos todo esse balanço a termos de fácil comparação. O que o homem perde pelo contrato social é a liberdade natural e um direito ilimitado a tudo quanto aventura e pode alcançar. O que com ele ganha é a liberdade civil e a propriedade de tudo o que possui. A fim de não fazer um julgamento errado dessas compensações, impõe-se distinguir entre a liberdade natural, que só conhece limites nas forças do indivíduo, e a liberdade civil, que se limita pela vontade geral, e, mais, distinguir a posse, que não é senão o efeito da força ou o direito do primeiro ocupante, da propriedade, que só pode fundar-se num título positivo. Poder-se-ia, a propósito do que ficou acima, acrescentar à aquisição do estado civil a liberdade moral, única a tornar o homem verdadeiramente senhor de si mesmo, porque o impulso do puro apetite é escravidão, e a obediência à lei que se estatuiu a si mesma é liberdade. Mas já disse muito a cerca desse princípio e o sentido filosófico da palavra liberdade, neste ponto, não pertence a meu assunto.

Fonte: Rousseau, 1973, p. 42-43.

Nesse texto, Rousseau faz referência ao surgimento do **estado civil**, momento que marca o abandono da parte do homem que se conservava em estado de natureza. O homem é levado a abandonar o instinto e a vontade própria de agir em função de si, e a incorporar o dever e observar o direito. Desse modo, torna-se um ser moral, que antes de atender às suas inclinações e apetites, submetê-las-á à razão que terá como parâmetro para validar sua ação – se esta será realizada em benefício próprio ou coletivo. Como instituiu o estado civil, o homem será levado a agir em função dos outros, do bem coletivo e daquilo que estabelece os acordos definidos entre os iguais.

Comparando os estados de natureza e civil, podemos dizer que há perdas e ganhos. No estado de natureza, a liberdade não tem limites, o homem pode buscar o que quiser, o fator limitador é a força do indivíduo, de modo que sempre vencerá o mais forte ou o que tiver a melhor estratégia. Já no estado civil, embora perca a liberdade ilimitada, o homem ganha com a legitimidade da propriedade e com a liberdade civil, garantida em acordo coletivo, o qual deverá ser respeitado por todos.

Ainda de acordo com Rousseau, a instituição do estado civil eleva a condição moral do homem, que passa a ser um sujeito capaz de fazer escolhas e tomar decisões racionais, deixando de ser escravo de seus apetites e das ações baseadas no instinto.

6.7 Nietzsche e a filosofia da intensidade

O filosofo alemão Friedrich Nietzsche (1844-1900) produziu uma obra extensa e profunda, além de polêmica. Sua filosofia é uma crítica aos valores da sociedade de sua época, contrapondo a moral cristã e os valores da sociedade responsáveis por conduzir o homem à fraqueza, retirando-lhe a força, a coragem e a capacidade autônoma de escolha. Para um maior entendimento, sugerimos a realização de uma pesquisa sobre o filósofo, o contexto em que viveu e suas principais ideias.

LIVRO I – § 78

A justiça que castiga – Infelicidade e culpa – essas duas coisas foram postas pelo cristianismo na mesma balança: de modo que, quando é grande a infelicidade que se segue a uma culpa, ainda agora, sem querer, a grandeza da própria culpa é medida por ela. Mas isso não é **antigo**, e por isso a tragédia grega, em que tão abundantemente, e no entanto em sentido tão outro, se trata de infelicidade e culpa, está entre as grandes liberadoras da mente, em uma medida que os próprios antigos não podiam sentir. Eles permaneceram tão inocentes que não estabeleceram entre culpa e infelicidade nenhuma "relação adequada".

A culpa de seus heróis trágicos é decerto, a pequena pedra na qual estes tropeçam e por isso, decerto, quebram os braços ou furam um olho: o sentimento dizia diante disso: "Sim, ele deveria ter seguido o seu caminho com um pouco mais de cuidado e com menos petulância!" Mas somente ao cristianismo estava reservado dizer: "Eis uma pesada infelicidade, e por trás dela **tem** de estar escondida uma **culpa** pesada, **de igual peso**, mesmo se ainda não a vemos com clareza! Se tu, infeliz, não sentes assim, estás **perdido** – passarás por coisa ainda pior!" – E depois, na Antiguidade, havia ainda efetivamente infelicidade, pura, inocente infelicidade; somente no cristianismo tudo se torna castigo, bem merecido castigo: ele faz sofrer também a própria fantasia do sofredor, de tal modo que em tudo o que acontece de mau este se sente moralmente reprovável e reprovado. Pobre humanidade! Os gregos têm uma palavra própria para designar a revolta com a infelicidade do outro: esse sentimento, entre os povos cristãos, era inconveniente e se desenvolveu pouco, e assim falta-lhe até mesmo o nome para esse irmão **mais viril** da compaixão.

Fonte: Nietzsche, 1999, p. 149-150, grifo do original.

Nesse texto, Nietzsche faz referência à ideia de **culpa** e de infelicidade imputada pelo cristianismo na consciência dos cristãos por meio de sua doutrina. Ele menciona a ideia de culpa dos antigos, a qual não tinha um peso tão avassalador sobre o indivíduo como no cristianismo. Para os antigos, a culpa se apresentava até mesmo como uma forma de libertar a mente; já no cristianismo, passou a ser usada como forma de causar sofrimento e infelicidade.

Se a culpa é atribuída ao sujeito, ele é merecedor de castigo, que nada mais é do que uma forma de punir o sujeito – a realização da justiça. A culpa, por meio da punição, deve ser sentida da forma mais intensa possível, a fim de que o culpado dela se convença e aceite a infelicidade. Essa dinâmica tornou o homem um sujeito fraco, desencorajado, que foi adestrado e perdeu a força e a coragem que tinham os antigos. O homem se tornou uma presa fácil e incapaz de lutar pelos seus desejos, em razão do medo do pecado e do castigo imposto para pagar pelos erros cometidos.

Síntese

Dedicamos este capítulo ao desenvolvimento de análises textuais. Desse modo, selecionamos e analisamos brevemente alguns textos de diferentes períodos históricos. A análise teve como finalidade conduzir você, leitor, a desenvolver a compreensão filosófica, a fim de identificar elementos que marcaram uma época ou determinada tendência filosófica.

Indicações culturais

Filme

O FANTASMA da liberdade. Direção: Luis Buñuel. França; Itália: Versatil Home Video, 1974. 104 min.

O filme faz referência, de maneira crítica e divertida, aos costumes, à religião, à classe média alta e à sociedade de modo geral, possibilitando uma reflexão sobre a sociedade e sobre a ideia de liberdade dos sujeitos que nela se inserem.

Livro

DELEUZE, G.; GUATTARI, F. **O que é a filosofia?** Rio de Janeiro: Ed. 34, 1992.

Essa é uma excelente obra para a área de filosofia, uma vez que os autores abordam a ideia de conceito, que, do ponto de vista filosófico, é fundamental para o exercício da atividade pensante. Além disso, realizam uma abordagem sobre a ciência e a arte, utilizando-se da filosofia de forma envolvente e reflexiva.

Atividades de autoavaliação

1. De acordo com o filósofo Aristóteles, a alma é composta de três instâncias, e a uma delas deve pertencer a virtude. Considerando essa proposição, analise as alternativas e marque a que explicita a composição da alma:

   a) Raiva, ódio e amizade.

   b) Paixões, faculdades e disposições de caráter.

   c) Disposição de caráter, faculdade e razão.

   d) Paixões, faculdades e experiência.

2. "E enfim, considerando que todos os mesmos pensamentos que temos quando despertos nos podem também ocorrer quando dormimos, sem que haja nenhum, nesse caso, que seja verdadeiro, resolvi fazer de conta que todas as coisas que até então haviam entrado no meu espírito não eram mais verdadeiras que as ilusões dos meus olhos" (Descartes, 1996, p. 91-93). Com base nessa ideia, analise as alternativas e marque a que corresponde corretamente à forma de pensar enunciada:

   a) Refere-se ao pensamento de Marx – a dialética marxista.

   b) Diz respeito à ideia de liberdade proposta por Hobbes em *Leviatã*.

c) Trata-se do método cartesiano – a dúvida.

d) Corresponde ao estado de natureza e à passagem deste ao estado civil.

3. "Determina ao homem uma mudança muito notável, substituindo na sua conduta o instinto pela justiça e dando às suas ações a moralidade que antes lhes faltava. É só então que, tomando a voz do dever o lugar do impulso físico, e o direito o lugar do apetite, o homem, até aí levando em consideração apenas sua pessoa, vê-se forçado a agir baseando-se em outros princípios e a consultar a razão antes de ouvir suas inclinações" (Rousseau, 1973, p. 42). Com base no texto de Rousseau, analise as assertivas e marque a alternativa correta:

a) Corresponde à ideia de superação do estado de natureza e instituição do estado civil.

b) Refere-se ao estado de natureza e à criação de uma sociedade que garante a liberdade ilimitada para todos.

c) Refere-se à garantia da liberdade para todos os membros da sociedade mediante imposição de um soberano.

d) O estado é uma instituição de natureza divina, portanto, os homens devem seguir os seus preceitos, bem como os do poder divino.

4. Analise as proposições e marque a alternativa que faz referência de maneira correta ao pensamento de Nietzsche:

a) Nietzsche defendia a ideia de que os poderes devem ser independentes e que cada um tem as suas atribuições.

b) Para Nietzsche, o cristianismo reforça o sentimento de culpa e de infelicidade, legitimando o castigo como algo merecido.

c) Segundo Nietzsche, o cristianismo tornou os homens fortes, corajosos e os fez resgatar o espírito viril dos antigos.

d) Para Nietzsche, a apreciação estética é a única forma de o homem superar as frustrações com as quais se depara cotidianamente em sua existência.

5. Santo Agostinho dedicou sua obra a fortalecer os ideais do cristianismo e difundir a verdade embasada na fé. Foi um cristão fervoroso, que testemunhou a prática cristã em sua vida. Assinale a alternativa que apresenta uma de suas obras que faz menção à sua conversão:

a) *De civitate dei.*

b) *O contrato social.*

c) *Suma teológica.*

d) *Confissões.*

Atividades de aprendizagem

Questões para reflexão

1. "Se é verdade que a luta de classe é um fato essencial, que o antagonismo das classes quebra as formas culturais constituídas e, enfim, que, pouco a pouco, a decomposição econômica do capitalismo corrompe todas as ideias, todos os valores em que havia acreditado, parece natural concluir que só se retornará a uma economia e a uma civilização 'orgânicas' pela expropriação dos proprietários e, como dizia Lênin, 'roubando o que foi roubado'" (Merleau-Ponty, 1975, p. 206-207). Após a leitura dessa proposição, desenvolva um comentário em torno de oito linhas a respeito dela.

2. Considerando o estudo dos temas apresentados nesta obra, elabore uma definição de filosofia.

Atividade aplicada: prática

Faça uma pesquisa sobre dois filósofos contemporâneos, abordando o período em que viveram, o contexto social e suas principais obras e ideias.

CONSIDERAÇÕES FINAIS

Muitas pessoas acreditam que a leitura, a compreensão e a escrita de textos em filosofia são uma questão de dom, justificando sua própria inabilidade ou a de outras pessoas ao afirmar simplesmente: "Eu não nasci para isso" ou "Fulano não nasceu para isso".

As habilidades de leitura, compreensão e escrita não podem ser confundidas com dom, uma espécie de presente divino. Ao se fazer isso, retira-se do sujeito todo seu empenho, dedicação e esforço pessoal, uma espécie de presente divino. Aliás, o significado da palavra *dom* é exatamente este: doação, presente, dádiva. Ao longo da leitura dos capítulos, você pôde perceber que as teorias e os pensamentos filosóficos não são fruto de uma dádiva divina ou algo parecido, mas, antes, são o resultado de esforços e dedicação.

Por esse motivo, logo no primeiro capítulo, ficou clara a interdependência entre a leitura, a escrita e a ação docente. Para ler e escrever bem, é necessário assumir o risco de uma práxis. Dessa forma, iniciamos esta obra não apenas com uma reflexão acerca de algo, mas, sobretudo, apontando a necessidade de uma práxis.

No segundo capítulo, com base no estudo dos primeiros filósofos, buscamos demonstrar que, para além de suas teorias, existem pessoas dedicadas à arte da leitura e produção de textos filosóficos. Partindo do pensamento dos primeiros filósofos acerca da natureza, passando por Sócrates e culminado no fim do período helenístico, você pôde constatar que, apesar das diferentes teorias e posicionamentos, todos, sem exceção, conseguiram captar o momento histórico que esses pensadores viviam e apresentá-lo de forma inequívoca e surpreendente até mesmo para os leitores dos dias atuais.

Passando da Antiguidade para a Idade Média, no terceiro capítulo apresentamos uma igreja muito diferente da atual, a qual exerceu um papel central e dominante na vida europeia, mostrando de que forma a Igreja Católica, pouco a pouco, transformou o território europeu sob sua jurisdição. Outra reflexão importante apresentada nesse capítulo foi o debate entre fé e razão – ou, como diziam os medievais, *fidei et caritas*. Por meio do pensamento de Agostinho de Hipona e de Tomas de Aquino, você pôde compreender melhor o pensamento medieval e suas nuances.

No quarto capítulo, abordamos o período compreendido entre os anos 1453 e 1789. Na filosofia moderna, o teocentrismo deu espaço ao antropocentrismo e, dessa forma, houve uma inversão de valores e pensamentos nunca vista antes. O Renascimento abriu um capítulo novo na história e buscou resgatar, com base na Antiguidade Clássica, uma forma peculiar de fazer filosofia: analisar a realidade a partir dela mesma, sem recorrer a divindades ou a outros entes.

Assim, partindo da realidade, os filósofos modernos buscaram compreender o mundo e seu funcionamento. Foi o caso de Descartes, considerado o pai da filosofia moderna; Bacon, o criador do método empírico de investigação; e Kant, filósofo alemão que, apesar de nunca ter saído de sua cidade natal, soube, como poucos, analisar e descrever o mundo.

A filosofia contemporânea ocupou o quinto capítulo desta obra, no qual buscamos retratar o panorama atual e as correntes filosóficas mais influentes. Ao fazermos isso, a intenção foi demonstrar, ao leitor atento, que existe uma pluralidade de ideias e pensamentos – por vezes tão distintos que parecem contraditórios – que refletem, na verdade, a busca incansável do ser humano pelo conhecimento. Outro ponto importante foi que, no decorrer do capítulo, você pôde perceber os muitos modos de se produzir textos de filosofia.

Por fim, o sexto capítulo corresponde a uma escolha minuciosa de textos consagrados pela história da filosofia, no qual tivemos a finalidade de fomentar os estudos filosóficos para que você possa desenvolver e aprimorar a leitura e, assim, potencializar a escrita.

Dessa forma, ao longo de todo o texto, ficou clara a intenção de fornecer a você um cabedal teórico que possa auxiliá-lo, a partir de uma práxis, a realizar uma melhor leitura, compreensão e produção de textos filosóficos. De todo modo, é preciso ter em mente que é somente por meio do exercício constante e cotidiano que se atinge um nível elevado de leitura e compreensão dos textos filosóficos, práticas fundamentais para uma produção textual de qualidade.

REFERÊNCIAS

ABBAGNANO, N. **Dicionário de Filosofia**. Tradução de Alfredo Bosi. 4. ed. São Paulo: M. Fontes, 2000.

AGOSTINHO. **Confissões**. **De Magistro**. São Paulo: Abril Cultural, 1973.

_____. **Santo Agostinho**. Tradução de J. Oliveira Santos, Alfredo Ambrósio de Pina e Ângelo Ricci. São Paulo: Nova Cultural, 1999. (Coleção Os Pensadores).

ANDOLFO, M.; DIELS, H.; KRANZ, W. **Atomisti antichi**: testimonianze e frammenti secondo la raccolta di H. Diels e W. Kranz. Milano: Bompiani, 2001.

AQUINO, T. de. **O ente e a essência**. **Súmula contra gentios**. São Paulo: Nova Cultural, 1996. (Coleção Os Pensadores).

_____. **Suma de teología**. Madrid: Biblioteca de Autores Cristianos Madrid, 2001. Parte I. Disponível em: <http://biblioteca.campusdominicano.org/1.pdf>. Acesso em: 8 ago. 2015.

ARANHA, M. L. de A.; MARTINS, M. H. P. **Filosofando**: introdução à filosofia. 3. ed. rev. São Paulo: Moderna, 2003.

ARISTÓTELES. **Ética a Nicômaco**. Brasília: Ed. da UnB, 2001.

_____. Ética a Nicômaco. **Tópicos**: dos argumentos sofísticos. São Paulo: Abril Cultural, 1973. (Coleção Os Pensadores).

ARISTÓTELES. **Ética a Nicômaco**. Seleção de textos de José Américo Motta Pessanha. São Paulo: Abril, 1984. (Coleção Os Pensadores).

_____. **Física**. Madrid: Gredos, 1995.

_____. **Metafísica**: ensaio introdutório. Tradução de Giovanni Reale e Marcelo Perine. São Paulo: Loyola, 2002a. v. 1.

_____. _____. Tradução de Giovanni Reale e Marcelo Perine. São Paulo: Loyola, 2002b. v. 2.

_____. _____. Tradução de Giovanni Reale e Marcelo Perine. São Paulo: Loyola, 2002c. v. 3.

ARRUDA, J. J. de A.; PILETTI, N. **Toda a história**: história geral e história do Brasil. 8. ed. São Paulo: Ática, 2000.

BETHENCOURT, F. **História das inquisições**: Portugal, Espanha e Itália (séculos XV-XIX). São Paulo: Companhia das Letras, 2000.

BIGNOTTO, N. **Origens do republicanismo moderno**. Belo Horizonte: Ed. da UFMG, 2001.

BOTTICELLI, S. **O Nascimento da Vênus**. 1483. 1 têmpera sobre tela: color.; 172,5 × 278,5 cm. Galleria degli Uffizi, Florença. Disponível em: <http://www.infoescola.com/pintura/o-nascimento-de-venus>. Acesso em: 8 ago. 2015.

BRANDÃO, C. R. **O que é educação?** São Paulo: Brasiliense, 2002.

BRASIL. Lei n. 5.692, de 11 de agosto de 1971. **Diário Oficial da União**, Poder Legislativo, Brasília, DF, 12 ago. 1971. Disponível em: <http://www.planalto.gov.br/ccivil_03/leis/L5692.htm>. Acesso em: 8 ago. 2015.

_____. Lei n. 9.394, de 20 de dezembro de 1996. **Diário Oficial da União**, Poder Legislativo, Brasília, DF, 23 dez. 1996. Disponível em: <http://www.planalto.gov.br/ccivil_03/Leis/L9394.htm>. Acesso em: 8 ago. 2015.

_____. Ministério da Educação. Conselho Nacional de Educação. Câmara Superior de Educação. Parecer n. 492, de 3 de abril de 2001. Relatores: Eunice Ribeiro Durham; Silke Weber; Vilma de Mendonça Figueiredo. **Diário Oficial da União**, Brasília, DF, 3 abr. 2001. Disponível em: <http://portal.mec.gov.br/cne/arquivos/pdf/CES0492.pdf>. Acesso em: 19 nov. 2015.

BRUNO, G. **Sobre o infinito, o universo e os mundos**. São Paulo: Abril, 1974.

CHAUI, M. **Convite à filosofia**. São Paulo: Ática, 2003.

COTRIM, G. **Fundamentos da filosofia**: história e grandes temas. 15. ed. reform. e ampl. São Paulo: Saraiva, 2002.

CUNHA, L. A.; GÓES, M. de. **O golpe na educação**. 7. ed. Rio de Janeiro: Ed. Zahar, 1991.

DELEUZE, G.; GUATTARI, F. **O que é a filosofia?** Rio de Janeiro: Ed. 34, 1992.

DEMO, P. **Desafios modernos da educação**. 2. ed. Petrópolis: Vozes, 1993.

_____. **Pesquisa**: princípios científicos e educativos. 8. ed. São Paulo: Cortez, 2001.

DESCARTES, R. **Discurso do método; As paixões da alma; Meditações; Objeções e respostas**. Tradução de J. Guinsburg e Bento Prado Júnior. São Paulo: Abril cultural, 1996.

DEWEY, J. **Democracia e educação**. São Paulo: Cia. Ed. Nacional, 1936.

_____. **Vida e educação**. São Paulo: Melhoramentos, 1978.

DURKHEIM, E. **Educação e sociologia**. São Paulo: Melhoramentos, 1978.

FABBRINI, R. N. O ensino de filosofia: a leitura e o acontecimento. **Trans/ Form/Ação**, Marília, v. 28, n. 1, 2005. Disponível em: <http://www.scielo. br/scielo.php?pid=S0101-31732005000100001&script=sci_arttext>. Acesso em: 15 jul. 2015.

_____. **O sentido formativo da filosofia**. Disponível em: <http://www.iea.usp.br/ publicacoes/textos/sentidoformativofilosofia.pdf>. Acesso em: 1º nov. 2015.

FAVARETTO, C. Filosofia, ensino e cultura. In: KOHAN, W. O. **Filosofia**: caminhos para seu ensino. Rio de Janeiro: DP&A, 2004. p. 43-53.

_____. Notas sobre o ensino de filosofia. In: MUCHAIL, S. T. **Filosofia e seu ensino**. São Paulo: Educ, 1995. p. 77-85.

FERNANDES, F. **Educação e sociedade no Brasil**. São Paulo: Dominus; Edusp, 1966.

FEUDALISMO: uma marca na Idade Média. 2011. Disponível em: <http:// blogdestudos.blogspot.com.br/2011/03/feudalismo-uma-marca-na-idade-media.html>. Acesso em: 8 ago. 2015.

FILLOUX, J-C. **Émile Durkheim**. Tradução de Celso do Prado Ferraz de Carvalho e Miguel Henrique Russo. Recife: Fundação Joaquim Nabuco; Massangana, 2010.

GARDNER, H. **A nova ciência da mente**. São Paulo: Edusp, 2003.

_____. **Inteligências múltiplas**: a teoria na prática. Porto Alegre: Artes Médicas, 1995.

GILSON, É. **A filosofia na Idade Média**. Tradução de Eduardo Brandão. 2. ed. São Paulo: M. Fontes, 2007.

GUIMARÃES ROSA, J. **Grande sertão**: veredas. São Paulo: Nova Fronteira, 1976.

HECTORSAURIUS PARK. **Historia de la filosofía**: mapa presocrático. 2012. Disponível em: <https://hectorsaurio.wordpress.com/2012/01/03/historia-de-la-filosofia-mapa-presocraticos>. Acesso em: 8 ago. 2015.

HELLER, A. **O homem do Renascimento**. Tradução de Conceição Jardim e Eduardo Nogueira. Lisboa: Editorial Presença, 1982.

HIPPOLYTUS. **Philosophumena or the Refutation of all Heresies**. London: Society for Promoting Christian Knowledge, 1921.

HOBBES, T. **Leviatã ou matéria, forma e poder de um estado eclesiástico e civil**. Tradução de João Paulo Monteiro e Maria Beatriz Nizza da Silva. 3. ed. São Paulo: Abril Cultural, 1983. (Coleção Os Pensadores).

HOUAISS, A.; VILLAR, M. de S. **Dicionário eletrônico Houaiss da língua portuguesa**. Versão 3.0. Rio de Janeiro: Instituto Antônio Houaiss; Objetiva, 2009. 1 CD-ROM.

HUSSERL, E. **A ideia da fenomenologia**. Tradução de Artur Morão. Lisboa: Edições 70, 1990.

INFORZATO, H. **Fundamentos sociais e educação**. São Paulo: Nobel, 1971.

JASPERS, K. **Introdução ao pensamento filosófico**. 12. ed. São Paulo: Cultrix, 2003.

JONAS, H. **O princípio responsabilidade**: ensaio de uma ética para a civilização tecnológica. Rio de Janeiro: Contraponto, 2006.

KANT, I. **Crítica da razão pura e outros textos filosóficos**. Seleção de Marilena Chaui. São Paulo: Abril Cultural, 1974. (Coleção Os Pensadores).

KANT, I. **Resposta à pergunta**: O que é esclarecimento? Tradução de Luiz Paulo Rouanet. Brasília: Casa das Musas, 2008. Disponível em: <http://www. uesb.br/eventos/emkant/texto_II.pdf>. Acesso em: 8 ago. 2015.

KIRK, G. S.; RAVEN, J. E. **Los filósofos presocráticos**. Biblioteca Hispánica de Filosofía: Madrid, 1969.

LACOSTE, J. **A filosofia no século XX**: ensaio e textos. Tradução de Marina Appenzeller. Campinas: Papiros, 1992.

LAÉRCIO, D. **Vidas e doutrinas dos filósofos ilustres**. Tradução de Mario da G. Kury. Brasília: Ed. da UnB, 1988.

LIMA VAZ, H. C. **Escritos de filosofia I**: problemas de fronteira. 2. ed. São Paulo: Edições Loyola, 1998.

LONDON, J. **O lobo do mar**. São Paulo: Nacional, 1954.

MAQUIAVEL, N. **Comentários sobre a primeira década de Tito Lívio**. Tradução de Sergio Bath. 3. ed. rev. Brasília: Ed. da UnB, 1994.

_____. **O príncipe**. Tradução de Lívio Xavier. Ed. reform. São Paulo: Ediouro, 2002.

MARITAIN, J. **Rumos da educação**. Rio de Janeiro: Agir, 1947.

MARTINS, P. L. O. **Didática teórica, didática prática**. São Paulo: Loyola, 1989.

MEAD, M. **Educación y cultura**. Buenos Aires: Paidos, 1952.

MERLEAU-PONTY, M. **Elogio da filosofia**. 3. ed. Lisboa: Guimarães, 1986.

_____. Em torno do marxismo. In: HUSSERL, E.; MERLEAU-PONTY, M. **Investigações lógicas**: sexta investigação – elementos de uma elucidação fenomenológica do conhecimento. Textos escolhidos. São Paulo: Abril Cultural, 1975. (Coleção Os Pensadores).

MORENTE, M. G. **Fundamentos de filosofia I**: lições preliminares. Tradução de Guillermo da Cruz Coronado. 8. ed. São Paulo: Mestre Jou, 1980.

MORIN, E. **Os sete saberes necessários à educação do futuro**. São Paulo: Cortez; Brasília: Unesco, 2002.

NASCIMENTO, A. U. S. **Gêneros argumentativos**. Disponível em: <http:// educacao.globo.com/portugues/assunto/estudo-do-texto/generos-argumenta tivos.html>. Acesso em: 8 ago. 2015.

NASCIMENTO, M. M. A filosofia no 2º grau: sua importância, sua especificidade. In: **Textos filosóficos**. São Paulo: Secretaria do Estado da Educação de São Paulo, 1986. p. 3-12.

NIELSEN NETO, H. (Org.). **O ensino da filosofia no 2º grau**. São Paulo: Sofia, 1986.

NIETZSCHE, F. **Obras incompletas**. São Paulo: Nova cultural, 1999.

NUBIOLA, J. **La ciencia cognitiva**: introducción y claves para su debate filosófico. Navarra: Universidad de Navarra, 1996.

_____. Perspectivas actuales en la filosofía de lo mental. In: JORNADA DE FILOSOFÍA DE LA CIENCIA SOBRE MENTE Y CEREBRO, 1., 1993, Barcelona. **Anais**... Barcelona: Universidad de Navarra, 2000. p. 13-24. Disponível em: <http://www.unav.es/users/Articulo45.html>. Acesso em: 8 ago. 2015.

OCKHAM, G. de. **Brevilóquio sobre o principado tirânico**. Tradução de Luis A. de Boni. Petrópolis: Vozes, 1988. (Clássicos do Pensamento Político, v. 9).

PÁDUA, M. **Defensor menor**. Tradução de José Antonio Camargo Rodrigues de Souza. Petrópolis: Vozes, 1991.

_____. **El defensor de la paz**. Tradução de Luis Martinez Gomes. Madrid: Tecnos, 1989.

PESSANHA, J. A. **Os pensadores**: Santo Agostinho. São Paulo: Nova Cultural, 1999.

PILETTI, C. **Filosofia da educação**. 8. ed. São Paulo: Ática, 1997.

PLATÃO. **Apologia de Sócrates. Criton**. Tradução de Manuel de Oliveira Pulquerio. Coimbra: Instituto Nacional de Investigação Científica, 1984.

_____. **Diálogos**. Tradução de Jorge Paleikat e João da Cruz Costa. Rio de Janeiro: Edições de Ouro, 1970.

_____._____. Tradução de Edson Bini. Bauru: Edipro, 2010.

_____. **Fédon**. Tradução de Carlos Alberto Nunes. Belém: Ed. UFPA, 2011a.

_____. **Fedro**. Tradução de Carlos Alberto Nunes. Belém: Ed. UFPA, 2011b.

_____. **Il sofista e l'uomo político**. Traduzione di G. Fraccaroli. Firenze: La Nuova Itália, 1934.

PLATÃO. **O banquete**. Tradução de Carlos Alberto Nunes. Belém: Ed. UFPA, 2011c.

_____. **Teeteto. Crátilo**. Tradução de Carlos Alberto Nunes. Belém: Ed. UFPA, 2011d.

_____. **The Laches of Plato**: with introduction and notes. London: MacMillan, 1921.

_____. O Banquete (trecho selecionado). **Revista Latino-americana de Psicopatologia Fundamental**. São Paulo, v. 12, n. 3, set. 2009. Disponível em: <http://www.scielo.br/scielo.php?script=sci_arttext&pid=S 1415-47142009000300010>. Acesso em: 7 mar. 2016.

PLUTARCO. **Obras morales y de costumbres**. Madrid: Gredos, 2004.

_____. **The E at Delphi. Moralia**. Cambridge; Massachusetts; London: Harvard University Press, 1936.

QUIDORT, J. **Sobre o poder régio e papal**. Tradução de Luis Alberto De Boni. Petrópolis: Vozes, 1989.

REALE, G. **História da filosofia antiga**. São Paulo: Loyola, 1994a. v. 1.

_____. **História da filosofia antiga**. São Paulo: Loyola, 1994b. v. 2.

_____. **História da filosofia antiga**. São Paulo: Loyola, 1994c. v. 3.

_____. **História da filosofia antiga**. São Paulo: Loyola, 1994d. v. 4.

_____. **História da filosofia antiga**. São Paulo: Loyola, 1994e. v. 5.

_____. **Introducción a Aristóteles**. Barcelona: Herder, 1985.

_____. **Para uma nova interpretação de Platão**. Tradução de Marcelo Perine. São Paulo: Loyola, 1997.

REALE, G.; ANTISERI, D. **História da filosofia**: de Nietzsche à Escola de Frankfurt. São Paulo: Paulus, 2006. v. 6. (Coleção História da Filosofia).

_____. **História da filosofia**: do humanismo a Kant. 2. ed. São Paulo: Paulus, 1990. v. 2.

_____. _____. 8. ed. São Paulo: Paulus, 2007.

RODRIGUES, D. R. **Consciência e nadificação**. 47 f. Dissertação (Mestrado em Filosofia) – Universidade Federal de Santa Catarina, Florianópolis, 2014. Disponível em: <https://repositorio.ufsc.br/xmlui/bitstream/handle/123456789/129584/328835.pdf?sequence=1&isAllowed=y>. Acesso em: 8 mar. 2016.

ROMANO, E. **Sobre o poder eclesiástico**. Tradução de Cléa Pitt B. Goldman Vel Lejbman e Luis A. de Boni. Petrópolis: Vozes, 1989.

ROUSSEAU, J.-J. **Do contrato social. Ensaio sobre a origem das línguas. Discurso sobre a origem e os fundamentos da desigualdade entre os homens. Discurso sobre as ciências e as artes**. São Paulo: Abril Cultural, 1973. (Coleção Os Pensadores).

ROVIGHI, S. V. **Storia della filosofia contemporânea**: dall'Ottocento ai giorni nostri. Brescia: La Scuola, 1990.

RYLE, G. **The Concept of Mind**. Londres: Hutchinson's University Library, 1951.

SAINT-EXUPÉRY, A. de. **Le petit prince**. Orlando: Harcourt, 2000.

SARTRE, J. P. **O existencialismo é um humanismo**. Tradução de Vergílio Ferreira. São Paulo: Abril, 1973. (Coleção Os Pensadores).

_____. **O ser e o nada**: ensaio de ontologia fenomenológica. Tradução de Paulo Perdigão. 6. ed. Petrópolis: Vozes, 1998.

SASSO, G. **Niccolò Machiavelli**: il pensiero político. Bologna: Società editrice il Mulino, 1993. v. 5.

SKINNER, Q. **As fundações do pensamento político moderno**. Tradução de Renato Janine Ribeiro e Laura Teixeira Motta. São Paulo: Cia. das Letras, 1996.

SOUSA, R. **Igreja na Idade Média**. 1 ilus.: pb. Disponível em: <http://www.mundoeducacao.com/historiageral/igreja-na-idade-media.htm>. Acesso em: 8 ago. 2015.

STEGMULLER, W. **A filosofia contemporânea**. São Paulo: EPU/Edusp, 1977.

STOKES, P. **Os 100 pensadores essenciais da filosofia**: dos pré-socráticos aos novos cientistas. Rio de Janeiro: Difel, 2012.

STÖRING, H. J. **História geral da filosofia**. 2. ed. Petrópolis: Vozes, 2009.

TEIXEIRA, A. **Educação no Brasil**. São Paulo: Cia. Ed. Nacional, 1976.

THAGARD, P. **Mind**: introduction to cognitive science. 2. ed. Cambridge: MIT Press, 2005.

VARELA, F. J. **Conocer**: las ciencias cognitivas, tendencias y perspectivas. Barcelona: Gedisa, 1996.

XENOFONTE. **Ditos e feitos memoráveis de Sócrates**. São Paulo: Abril Cultural, 1972.

_____. **The symposium**. Tradução de H. G. Dakyns. [s.l.]: The Project Gutenberg EBook, 2013. Disponível em: <http://www.gutenberg.org/files/1181/1181-h/1181-h.htm>. Acesso em: 8 ago. 2015.

YAZBEK, A. C. A ressonância ética da negação em Sartre (considerações sobre liberdade, angústia e valores em L'être et le néant). **Cadernos de Ética e Filosofia Política**, São Paulo, v. 7, n. 2, p. 141-164, 2005. Disponível em: <https://www.yumpu.com/pt/document/view/20807560/download-do-texto-completo-fflch/11>. Acesso em: 8 ago. 2015.

BIBLIOGRAFIA COMENTADA

ARANHA, M. L. de A.; MARTINS, M. H. P. **Filosofando:** introdução à filosofia. 3. ed. rev. São Paulo: Moderna, 2003.

Essa obra faz uma introdução à filosofia, apresentando seus principais temas, filósofos e teorias. A análise desenvolvida pelas autoras proporciona a compreensão da filosofia de maneira didática, a fim de conduzir o leitor a refletir e a desenvolver a escrita filosófica.

CASTRO, S. **Introdução à filosofia**. Petrópolis: Vozes, 2011.

Uma excelente obra de introdução à filosofia, em que os autores realizam um passeio histórico, abordando as características dos períodos e as ideias dos filósofos. Tal estudo conduz o leitor à reflexão e o desafia a escrever e ordenar textos de natureza filosófica.

MAQUIAVEL, N. **O príncipe**. Tradução de Lívio Xavier. São Paulo: Ediouro, 2002.

O príncipe, de Maquiavel, é uma leitura indispensável quando se trata de política. O filósofo faz uma abordagem profunda sobre o tema, tendo como figura central o príncipe ou o governante. Trata-se de um "manual" de como um governante deve agir, seja em relação aos seus súditos, seja em relação aos membros do poder.

RESPOSTAS

Capítulo 1

Atividades de autoavaliação

1. c
2. b
3. a
4. c
5. b

Capítulo 2

Atividades de autoavaliação

1. a
2. d
3. b

4. d

5. a

Capítulo 3

Atividades de autoavaliação

1. c

2. b

3. d

4. c

5. a

Atividades de aprendizagem

Questões para reflexão

1. O objetivo desta questão é estimular prática da pesquisa e da construção textual, buscando e trabalhando com as informações de modo a construir seu próprio texto.

2. Nesta questão, não há uma delimitação de resposta. Você deve demonstrar sua capacidade de entendimento, após o estudo do capítulo, por meio da construção textual. Em uma síntese, você deve elaborar um texto explicitando as principais ideias abordadas e estabelecendo conexões entre elas, de modo a evidenciar a compreensão e a organização de seus argumentos.

Capítulo 4

Atividades de autoavaliação

1. d

2. b

3. b

4. b

5. b

Atividades de aprendizagem

Questões para reflexão

1. As principais características do Iluminismo são a crítica ao absolutismo monárquico e a crítica ao poder da Igreja Católica. Partindo da crítica ao absolutismo e à Igreja, os iluministas defendiam as liberdades de expressão e econômica e os avanços da ciência e dos conhecimentos técnicos à luz da razão. Também defendiam os ideais burgueses e suas ideias, assim como um governo monárquico que fizesse uso da razão e tivesse tolerância, essenciais para um maior equilíbrio social.

2. O juízo analítico tem a função de proporcionar maior clareza sobre aquilo que já é conhecido e não está ligado à experiência sensorial. O juízo sintético *a posteriori* está ligado à experiência sensorial, ou seja, ao tempo e ao espaço em que a experiência ocorreu, e, portanto, não é universal. Já o juízo sintético *a priori* supera os anteriores, pois não se limita à experiência. Tem os seus fundamentos nos dados captados pelos sentidos e sua organização se faz mentalmente. Desse modo, o conhecimento é a síntese entre sujeito e objeto – é o resultado do agente conhecedor e do objeto conhecido.

Atividade aplicada prática

1. Na elaboração desta síntese, você deve buscar exercitar a leitura e a escrita filosóficas, com a finalidade de perceber aspectos relevantes da filosofia do período, elaborando considerações de acordo com seu próprio entendimento.

Capítulo 5

Atividades de autoavaliação
1. b
2. a
3. c
4. b
5. a

Atividades de aprendizagem

Questões para reflexão
1. O objetivo desta questão é de que você elabore uma resposta que demonstre a sua capacidade de compreensão e construção de argumentos.
2. O objetivo da construção desta resposta é a elaboração de uma síntese daquilo que é a filosofia, de acordo com o que se abstraiu neste estudo, de modo a formar um conceito.

Atividade aplicada: prática
1. O objetivo desta pesquisa é conduzir você, leitor, a desenvolver a leitura em filosofia, aprimorando sua capacidade de síntese e exercitando a escrita.

Capítulo 6

Atividades de autoavaliação
1. b
2. c
3. c
4. b
5. d

Sobre os Autores

Ademir Antonio Engelmann é mestre em Filosofia (2005) pela Pontifícia Universidade Católica de São Paulo (PUC-SP), especialista em Filosofia com ênfase em Ética (2000) pela Pontifícia Universidade Católica do Paraná (PUCPR) e em Formação de Docentes e de Orientadores Acadêmicos em EaD (2012) pelo Centro Universitário Uninter e graduado em Filosofia (1999) pela PUCPR (1999). Atualmente é professor no Centro Universitário Uninter. Tem experiência nas áreas de filosofia, história, sociologia, ética e metodologia de pesquisa científica.

Fred Carlos Trevisan é natural de Osasco, São Paulo. É graduado em Filosofia (2000) pela PUCPR e mestre em Filosofia (2004) pela PUC-SP. Atualmente, é doutorando em Filosofia pela PUCPR, instituição em que atua como professor do Departamento de Filosofia.

Os papéis utilizados neste livro, certificados por instituições ambientais competentes, são recicláveis, provenientes de fontes renováveis e, portanto, um meio responsável e natural de informação e conhecimento.

MISTO
Papel | Apoiando o manejo florestal responsável
FSC® C103535

Impressão: Reproset